1 Entoure les majuscules et les points.

a. Les marins hissent la voile.

b. Vous partez à la campagne.

c. Un aigle survole les montagnes.

d. Le train est en retard.

e. Des flocons de neige tombent.

W0413795

2 Combien de phrases y a-t-il dans ce texte ?

Le boulanger se lève tôt. Il prépare des baguettes, des croissants et quelques gâteaux.

Il y a .... phrases dans ce texte.

3 Entoure uniquement les phrases.

a. Un magnifique bateau sort du port ;

b. le bouquet de fleurs fanées

c. Le trésor contient des pièces d'or.

d. Brille ciel étoile bateau.

e. Quel est cet oiseau ?

f. Paul rit.

4 Entoure uniquement les phrases qui ont un sens.

a. Le chat court souris.

b. Dalila fait de la randonnée.

c. Je suis plante.

d. Hugo lit des livres scientifiques.

e. Anna sa sœur cherche.

f. Marion et Manon partent sur leur voilier.

5 **Ajoute** les points, puis **écris** le nombre de phrases dans ce texte.

Le prince attend la princesse au bas du grand escalier Il la conduit jusqu'à son carrosse Ils quittent le palais en saluant leurs serviteurs La route sera longue à travers la forêt De nombreux obstacles se dresseront devant eux Quelles aventures attendent nos héros

Il y a .... phrases dans ce texte.

6 **Recopie** uniquement les phrases correctes.

a. L'oiseau fabrique un nid.

....

b. Le fait chat vase.

....

c. Sonia met son manteau.

....

d. Tu dessines un crabe.

....

e. je vais chez le dentiste

....

f. Que dis-tu ?

....

g. Les s'envolent dans le ciel.

....

h. Le panda se nourrit surtout de feuilles de bambou.

....

1 Colorie l'étiquette qui convient dans chaque phrase.

a. Le le singe grimpe dans l'arbre.

b. Les ballons s'envolent dans le ciel Le ciel.

c. alex Julie achète des livres.

d. Le gardien ouvre la porte La table de l'école.

2 Réécris ces phrases en remplaçant les mots encadrés par un mot de la liste suivante.

les tigres – ses grands-parents – Les oiseaux – une salade

a. Louisa va chez ses amis.

....

b. Au zoo, j'aime regarder les kangourous.

....

c. Max prépare un gâteau.

....

d. Les avions volent au-dessus de l'océan.

....

3 Remets les mots dans l'ordre pour former une phrase. Ajoute les majuscules et les points s'il en manque.

a. miaule. – Le – chat

....

b. son – prépare – Julia – cartable.

....

c. Sofiane – écrit – l'ardoise. – sur

....

d. la – trouves – solution – tu

....

4 **Recopie** ces phrases en ajoutant les majuscules et les points manquants.

a. alicia visite un très beau château

....

b. un loup sort de la forêt

....

c. papa épluche des poires

....

d. les bateaux quittent le port

....

e. tu as perdu tes crayons de couleur

....

5 **Complète** ces phrases avec le mot qui convient.

pommes – salon – lettre – terrier

a. Léa écrit une .... à ses grands-parents.

b. Le lapin construit son ....

c. Nous achetons des .... au marché.

d. La télévision est dans le ....

6 **Écris** la fin de ces phrases.

a. Mon sport préféré est ....

b. Tout à l'heure, je vais ....

c. Tu veux ....

d. Le vase ....

1 Entoure tous les points.

a. L'oiseau s'envole.

b. Le cuisinier prépare le repas.

c. La lune brille dans la nuit.

d. Une pierre tombe du mur.

e. Clara envoie le ballon.

2 Entoure les phrases qui se terminent par un point d'interrogation.

a. Le train est-il arrivé ?

b. Le jardinier coupe des fleurs.

c. Peux-tu tenir mon cartable ?

d. N'oubliez pas vos manteaux !

e. Que vois-tu par la fenêtre de ta chambre ?

3 Entoure uniquement les phrases qui se terminent par un point d'exclamation.

a. Ce film est très triste !

b. Vous lancez le ballon très fort !

c. Tu fais de l'équitation tous les dimanches.

d. Quelle bonne idée de pique-niquer ici !

e. As-tu écrit à tes parents ?

4 Lis ces phrases à voix haute en respectant la ponctuation.

a. Tu aimes les brocolis.

b. Aimes-tu les brocolis ?

c. Tu aimes les brocolis !

5 **Entoure** en bleu les points, en rouge les points d'interrogation et en vert les points d'exclamation.

a. Cet animal est-il sauvage ?

b. La girafe mange des acacias.

c. C'est une merveille !

d. La tortue rentre la tête dans sa carapace.

e. Où se trouve le lion ?

6 **Classe** dans le tableau ces phrases en trois groupes : celles qui se terminent par un point, par un point d'interrogation, par un point d'exclamation.

a. Qui est le héros du livre ?

b. Vous avez une imagination débordante !

c. La sorcière cherche son balai.

d. Elle pousse la porte du pied.

e. Tu as renversé le lait sur la table !

f. Que fais-tu ici à cette heure ?

.	?	!
....	....	....
....	....	....
....	....	....
....	....	....
....	....	....
....	....	....
....	....	....
....	....	....

1 Colorie le point qui convient.

a. Quand viendras-tu me voir [?] [.]

b. Demain, nous irons au cirque [.] [!]

c. Regarde ce terrible orage [?] [!]

d. Quel magnifique tableau [.] [!]

2 Ajoute un point ou un point d'interrogation à la fin de ces phrases.

a. Noémie range ses poupées sous son lit

b. Avez-vous des bonbons à la menthe

c. Un ogre se cache au fond de cette grotte

d. Pouvons-nous pique-niquer dans ce parc

3 Ajoute un point d'exclamation ou un point d'interrogation à la fin de ces phrases.

a. Saute par-dessus ce ruisseau

b. Quand viendront les beaux jours

c. Écoute-moi bien

d. Faut-il mettre des bottes pour la pêche à pied

4 Ajoute les points manquants. Puis lis les phrases à haute voix avec le ton.

a. Quelle est ta couleur préférée

b. Au secours, j'ai vu un fantôme

c. As-tu apporté ton goûter

d. Léo accompagne son petit frère au parc

e. Demain, nous partirons en classe de mer

5 **Complète** le texte en ajoutant les points qui conviennent.

Enfin, ce sont les vacances ... Zoé et sa famille décorent le sapin dans le salon ...

Sa petite sœur a hâte d'ouvrir ses cadeaux ... Que lui apportera le Père Noël ...

6 **Recopie** les phrases et **ajoute** les points manquants.

a. Lamia compte jusqu'à cent

....

b. Nous répétons un spectacle

....

c. Quel jardin magnifique

....

d. Où sont les clés de la maison

....

7 **Recopie** ces textes en ajoutant les majuscules et les points manquants. Il y a deux phrases à chaque fois. Utilise [.] [!] [?] à l'endroit qui convient.

a. les élèves font trop de bruit la maîtresse les gronde

....

....

b. lucas regarde le manège va-t-il monter dans le camion de pompier ou sur le dos de l'éléphant

....

....

....

1 Entoure uniquement les phrases déclaratives.

a. Ce sont des enfants bien élevés.

b. As-tu pris ton cartable ?

c. Aujourd'hui, c'est l'anniversaire de mon père.

d. Quel joli paysage !

e. Ne t'approche pas du bord.

2 Recopie uniquement les phrases interrogatives.

a. Connais-tu cette bande dessinée ?

....

b. Nous devons prendre le bus 21.

....

c. As-tu retrouvé tes clés ?

....

d. Vendez-vous votre maison ?

....

e. Je crois que nous devrions rentrer.

....

3 Souligne en vert les phrases déclaratives et en jaune les phrases interrogatives.

a. Le crocodile sort du marais.

b. Il envoie un colis.

c. Voulez-vous un dessert ?

d. Où va ce train ?

e. Nous apportons une surprise.

f. Qui se cache dans les buissons ?

4 **Entoure** uniquement les phrases impératives.

a. Tu as mis de l'eau partout !

b. Faites bien attention en traversant la route.

c. Noémie et Clara doivent faire leurs devoirs.

d. Souligne les verbes en bleu.

e. Quel beau paysage !

f. Peux-tu répéter la consigne de l'exercice ?

g. N'embête pas ta sœur !

h. Puis-je ouvrir la fenêtre ?

5 **Colorie** l'étiquette correspondant au type de chaque phrase.

a. Ramasse tes affaires.

Déclarative | Impérative | Interrogative

b. Les enfants cherchent le chat dans le jardin.

Déclarative | Impérative | Interrogative

c. Pourquoi es-tu en retard ?

Déclarative | Impérative | Interrogative

d. Ne faites pas de bêtises !

Déclarative | Impérative | Interrogative

1 **Complète** ces phrases avec le mot interrogatif qui convient.

Quand – Combien – Comment – Quelle

a. .... couleur préfères-tu ?

b. .... de points avez-vous marqués ?

c. .... termineras-tu tes devoirs ?

d. .... ferez-vous pour traverser la rivière ?

2 **Colorie** de la même couleur les phrases interrogatives et déclaratives qui se correspondent.

Où partez-vous en vacances ?

Quand irons-nous à la mer ?

As-tu fini ta partie d'échecs ?

Non, je ne l'ai pas encore finie.

Nous partons en Italie.

Nous irons la semaine prochaine.

3 **Recopie** les phrases avec le mot interrogatif qui convient.

a. Combien / Où vas-tu ?

....

b. Comment / Pourquoi pars-tu si vite ?

....

c. Qui / Comment attendez-vous ?

....

d. Quelle / Pourquoi route faut-il prendre ?

....

4 **Transforme** les phrases données en phrases impératives.

Exemple : Veux-tu me donner ce ballon ? → Donne-moi ce ballon !

a. Viens-tu avec nous ?

....

b. Tu dois me rendre mon chapeau.

....

c. Il faut que tu tournes à droite.

....

d. Vous ne devez pas manger ce gâteau.

....

e. Vous arrêtez de vous chamailler.

....

5 **Écris** des phrases déclaratives qui peuvent répondre à ces questions.

a. Comment t'appelles-tu ?

....

b. Combien de frères et sœurs as-tu ?

....

c. Quel âge as-tu ?

....

d. Dans quelle ville se situe ton école ?

....

e. Combien de temps mets-tu pour venir à l'école ?

....

1 **Entoure** uniquement les phrases négatives.

a. Les sportifs boivent beaucoup d'eau.
b. Le coq ne chante plus le matin.
c. Rami répond au téléphone.
d. Ils ne prennent pas le bon chemin.

2 **Entoure** les mots de la négation.

a. Le bébé ne pleure pas souvent.
b. La neige ne tombe plus aujourd'hui.
c. Je ne veux pas de fromage.
d. Les chats n'aiment pas l'eau.
e. Alice ne sourit jamais.
f. Corentin ne veut pas dormir.
g. Noah ne sait plus sa poésie.
h. Ils n'ont rien trouvé dans le sac.

3 **Recopie** uniquement les phrases négatives.

Youssef part en voyage. Mais sa valise ne ferme plus ! Il a mis trop de vêtements dedans. Il ne peut pas emporter sa raquette de tennis. Il n'est pas content.

....

....

....

....

....

4 **Transforme** les phrases affirmatives en phrases négatives avec les mots donnés.

a. Je me réveille en retard. ne … jamais

....

b. Il fait froid. ne … plus

....

c. Maxime travaille le samedi. ne … jamais

....

d. Vous parlez italien. ne … pas

....

5 **Relie** les phrases contraires.

Il trottine. •	• Il ne trottine plus.
Il trottine toujours. •	• Il ne trottine jamais.
Il trottine encore. •	• Il ne trottine pas.

6 **Recopie** ce texte et souligne les phrases affirmatives en bleu et les phrases négatives en rouge.

C'est les vacances ! L'école est finie. Nous n'avons plus de devoirs. Mes copains et moi allons jusqu'à la plage pour pique-niquer. Nina a apporté son ballon de football. Elle ne veut pas jouer avec dans la mer.

....

....

....

....

1 Réécris les phrases à la forme affirmative.

a. Nous ne regardons pas la télévision.

....

b. Je n'aime pas les croissants.

....

c. Les ambulances ne roulent pas vite.

....

d. La porte ne ferme pas bien.

....

e. Les chenilles ne mangent pas la salade.

....

f. Les lampes ne s'allument pas.

....

2 Réécris les phrases à la forme négative.

a. Aujourd'hui, il pleut.

....

b. Vous lisez toujours le journal.

....

c. Les enfants sautent encore dans les vagues.

....

d. Les animaux s'enfuient dans la forêt.

....

e. Tu bois souvent du thé.

....

3 **Réponds** aux questions par une phrase négative ou affirmative.

a. Les pingouins vivent-ils en France ?

Non, ...

b. Le feu brûle-t-il ?

Oui, ...

c. Les tomates sont-elles des fruits ?

Oui, ...

d. Les dinosaures sont-ils toujours vivants ?

Non, ...

e. Le Brésil se trouve-t-il en Asie ?

Non, ...

4 **Réponds** aux questions par une phrase affirmative ou négative. Commence ta phrase par « Oui » ou par « Non ».

a. Aimes-tu la musique ?

....

b. Le soleil brille-t-il aujourd'hui ?

....

c. Connais-tu ta poésie ?

....

d. Peux-tu conduire une voiture ?

....

e. La capitale de l'Espagne est-elle Madrid ?

....

1 Pour chaque phrase, **pose** la question « Qui est-ce qui ? » et **réponds**.

Exemple : Le train arrive dans la gare.
→ Qui est-ce qui arrive dans la gare ?
→ C'est le train qui arrive dans la gare.

a. Ma grand-mère prépare le petit-déjeuner.

→ ....

→ ....

b. Dans la vieille maison, le fantôme attend.

→ ....

→ ....

c. Un oiseau vole au-dessus de la prairie.

→ ....

→ ....

2 **Réécris** les phrases en utilisant l'expression « C'est ... qui » pour encadrer le sujet.

*Exemple : L'eau coule du robinet. → **C'est** l'eau **qui** coule du robinet.*

a. La piscine ferme tous les lundis.

....

b. Marius fait du vélo dans la cour.

....

c. Les élèves rangent leurs cahiers dans leur cartable.

....

d. Ce gâteau au chocolat est délicieux !

....

e. Le vent souffle dans la vallée.

....

3 Souligne le sujet des verbes en gras.

a. Une voiture **démarre** rapidement.

b. Tu **installes** le bébé dans sa poussette.

c. Des billes **tombent** du sac de Jules.

d. Nous **préparons** une soupe aux poireaux.

4 Pose-toi la question « Qui est-ce qui ? » et souligne le sujet dans ces phrases.

a. Noé nourrit son chat.

b. Mon voisin porte un imperméable jaune.

c. L'avion atterrit.

d. Maud lit un roman.

e. Les enfants sautent dans la piscine.

5 Entoure le sujet des verbes.

a. Un loup hurle dans la forêt.

b. Un mouton s'approche du ruisseau.

c. Sa grand-mère adore les galettes.

d. Avez-vous encore faim ?

6 Complète ces phrases avec le sujet qui convient.

Les feuilles – Karine – Des loutres

a. .... dessine dans la cour de récréation.

b. .... nagent dans la rivière.

c. .... tombent du grand marronnier.

1 Entoure uniquement les verbes.

chanter – imprimer – feuille – décorer – vase – pousser – attendre – couteau – chemise – sortir – vendre – rat – dormir – stylo – prendre – acheter – dormir – course – boire – montrons – jouets – coussin – courent – échelle – brilles – grimpe – doigts – courir – manger – fenêtre – raconter – pied

2 Souligne les verbes des sujets encadrés.

a. Les danseuses s'entraînent tous les jours.

b. La lampe éclaire le salon.

c. Je ferme la porte.

d. Les policiers arrêtent le voleur.

e. Le renard vit dans la forêt.

f. Mina écoute de la musique.

g. L'avion décolle avec du retard.

h. La neige est froide.

i. Le pantalon de Martin est sale.

3 Souligne en rouge le verbe qui dit ce que fait le sujet souligné et en vert comment il est.

a. Les gens marchent à pied.

b. Dans le ciel, les nuages apparaissent.

c. La boutique est pleine de monde.

d. Les enfants semblent heureux dans ce parc.

e. Les spectateurs attendent en silence dans la salle.

4 **Entoure** de la même couleur le même verbe conjugué à 2 temps différents.

il poursuivra – il cherchait – il arrive – il semble – il entendra –
il poursuivait – il semblait – il arrivera – il entend – il cherchera

5 **Réécris** ces phrases en remplaçant les sujets encadrés par « Les élèves ». **Souligne** les verbes.

a. Vous gagnez le jeu.

....

b. Nous cachons le trésor dans le jardin.

....

c. Mina a mal à la tête.

....

d. En arrivant, tu dis bonjour.

....

e. Je monte dans le train.

....

6 **Réécris** ces phrases en les commençant par « Demain ». **Souligne** les verbes.

a. Je marche dans la forêt.

→ Demain, ...

b. Les lionnes chassent une antilope.

→ Demain, ...

c. L'athlète termine la course.

→ Demain, ...

d. Tu ranges ta chambre.

→ Demain, ...

Les pronoms personnels sujets

1 **Entoure** uniquement les pronoms personnels sujets.

le – nous – si – avec – je – et – elle – tu – mais – alors – vous – ils – puis – même – il – jeu – elles – une

2 **Entoure** les pronoms personnels sujets dans ces phrases.

a. Nous campons près de la rivière.
b. Tu racontes tes souvenirs.
c. Elles présentent leur film préféré.
d. Je joue de la flûte.
e. Sait-il danser ?
f. Nous viendrons demain.
g. Ils aiment skier et elles préfèrent patiner.
h. Tu aimes plonger dans la piscine.
i. Elle travaille pendant qu'il s'occupe des enfants.

3 **Relie** chaque phrase au dessin correspondant.

Elles coupent les pommes. •

Ils coupent les pommes. •

Elle chante. •

Il chante. •

4 **Entoure** le pronom personnel sujet qui peut remplacer le sujet encadré.

a. Un enfant traverse la rue. → il / tu

b. La danseuse est tombée. → elle / il

c. Mon frère et moi aimons la musique. → vous / nous

d. Nos amies sont parties. → elles / ils

e. Les sirènes chantent. → elle / elles

5 **Recopie** les 7 pronoms personnels sujets de ce texte et **écris** de qui il s'agit.

– Je vais nourrir les cygnes, dit Fatima. M'accompagnes-tu ?
– Je dois traire les vaches, répond Grégory.
– Tu pourrais demander aux fermiers de le faire demain, lui dit Fatima. J'ai du vieux pain. Nous allons le donner aux canetons. Pauvres petits, ils ont l'air affamés.

a. .... d. ....

b. .... e. ....

c. .... f. ....

6 **Entoure** chaque pronom personnel sujet. **Indique** dessous s'il est au singulier (S) ou au pluriel (P) ; au féminin (F) ou au masculin (M).

a. Je regarde la carte de France avec Julie. Nous préparons nos vacances.

....

b. Vous chantez dans une chorale. Demain, elle partira en tournée.

....

c. Grégory ira à la montagne. Il aime les paysages sauvages.

....

d. Elles guettent les pêcheurs. Ils reviennent après des mois.

....

1 **Complète** les phrases avec le pronom personnel sujet qui convient.

Ils – Je – Elle – Tu – Nous

a. .... sautons dans l'eau.

b. .... regardes un spectacle de cirque.

c. .... se déguisent pour le carnaval.

d. .... range les livres.

e. .... voit un renard.

2 **Recopie** les phrases avec le pronom personnel sujet qui convient.

a. Elena ramasse une feuille, puis elles / elle la colle.

....

b. Les deux amis arrêtent leur voiture, puis ils / nous pêchent sur le lac.

....

c. Je travaille et, toi, tu / vous lis un magazine.

....

3 **Recopie** les phrases et remplace les sujets en gras par « Il » ou « Elle ».

a. **La pâtissière** prépare les gâteaux. ....

b. **La tempête** se calme. ....

c. **Le poney** piaffe dans son box. ....

d. **Le crayon** tombe du bureau. ....

4 **Recopie** les phrases et remplace les sujets par « Ils » ou « Elles ».

a. Les avions volent dans le ciel. ....

b. Mes notes sont bonnes. ....

c. Les chatons boivent le lait. ....

d. Les feux tricolores sont en panne. ....

5 **Recopie** les phrases en remplaçant leur sujet souligné par le pronom personnel sujet correspondant.

a. Les canetons suivent leur maman.

....

b. Mes manteaux sont trop petits.

....

c. La neige recouvre les trottoirs.

....

d. Les enfants défilent pour le carnaval.

....

e. Noémie et toi êtes en pyjama.

....

6 **Complète** chaque phrase avec le pronom personnel sujet qui convient.

a. .... suis un grand champion.

b. Aimez-.......... nager ?

c. .... as un beau costume.

d. .... portent la même robe.

e. .... rentrerons plus tard.

f. .... part en vacances.

7 **Complète** ce texte avec les pronoms personnels sujets qui conviennent.

Éric et Albane vont au refuge pour animaux. .... ont décidé d'adopter un petit chien.

– Viens Albane, ... allons être en retard. Regarde ce chiot, ... a l'air gentil.

– Non, ... préfère celui qui est tout blanc avec une tache noire sur l'œil.

Une vendeuse s'approche. .... leur demande :

– Avez-....... choisi ?

– Oui, ... prenons celui-ci, répond Albane.

1 Entoure uniquement les noms.

pomme – chat – partir – requin – joli – Paris – nuages – fermier – avec – Léo – gomme – avant

2 Recopie uniquement le nom de chaque phrase.

a. Le merle chante. → ....

b. Il attrape le ballon. → ....

c. Elles jouent du tambour. → ....

d. Les clowns se poursuivent. → ....

e. La fête commence. → ....

3 Recopie tous les noms de chaque phrase.

a. Le cuisinier prépare le repas.

→ ....

b. Les chevaux galopent dans la prairie.

→ ....

c. Un avion traverse le ciel.

→ ....

d. On vend des manteaux et des robes dans ce magasin.

→ ....

4 Entoure uniquement les noms propres.

a. Mehdi voyage seul.

b. Il habite au Maroc.

c. Elle part à Lyon.

d. J'appelle le père d'Enzo.

e. Marseille est une ville du Sud.

5 **Souligne** en bleu les noms au singulier et en rouge les noms au pluriel.

a. La calèche s'arrête devant la maison.

b. Il porte de nouveaux vêtements.

c. Tu utilises des gros pinceaux.

d. Elle garde un trésor enchanté.

e. Le coq chante tous les matins.

6 **Recopie** uniquement les noms communs et **donne** leur genre et leur nombre.

Les enfants défilent pour le carnaval. Manon s'est déguisée en pirate. Thierry et Fabrice sont des chevaliers. Moi, j'ai préféré mettre les perles de ma mère.

a. ....

b. ....

c. ....

d. ....

e. ....

f. ....

7 **Recopie** ce texte et **souligne** les noms propres.

L'agitation règne dans le centre équestre de Reims. Hector, le garçon d'écurie, nettoie les stalles des chevaux. Pendant ce temps, Prune et Vanille sautent par-dessus les obstacles. Sia, la monitrice, emmène un groupe d'enfants sur les poneys.

....

....

....

....

....

1 **Entoure** les noms. **Souligne** le nom qui désigne une ou des personne(s).

Un camion rouge sort de la caserne. Il roule sur l'avenue à grande vitesse. De la fumée sort du toit de la maison. Les pompiers arrosent les flammes.

2 **Relie** chaque nom à ce qu'il désigne.

le lion •	• une planète
une sculpture •	• un moyen de transport
une armoire •	• un animal
la Terre •	• un meuble
le train •	• une œuvre d'art

3 **Complète** chaque phrase avec un nom qui convient.

a. Les .... des arbres volent dans le vent.
b. Le .... s'amarre dans le port.
c. Nos .... sont très sages.
d. Une .... traverse le ciel.
e. Ces .... sont très bons.

4 **Barre** l'intrus dans chaque liste.

a. fourmi – guépard – Martin – mouton – perroquet
b. France – Sénégal – Chine – coussin – Espagne
c. lit – gardienne – armoire – coffre – jouets – couverture
d. magicien – chevalier – prince – sorcier – histoire
e. Diane – Nora – Shang – musique – Louis

5 Relie chaque nom propre à un nom commun.

Spider-Man •	• une ville
Chopin •	• un compositeur
Londres •	• un héros de fiction
le mont Blanc •	• un pays
le Portugal •	• une montagne

6 Classe ces noms dans le tableau.

zèbre – ciseaux – coiffeur – tapis – perroquet – libellule – infirmière – tableau – cousine

Personnes	Animaux	Choses
....	....	....
....	....	....
....	....	....
....	....	....
....	....	....

7 Complète chaque phrase avec un nom qui convient.

a. Les .... passent dans le ciel.

b. La .... est la femelle du cerf.

c. On achète du pain chez le ....

d. Les skieurs glissent sur la ....

e. Les .... fabriquent du miel.

1 **Entoure** les déterminants.

les – mais – lui – la – des – l' – alors – elle – une – un – si – le

2 **Entoure** tous les déterminants de ces phrases.

a. Les sportifs commencent la course.

b. L'eau de la piscine est froide !

c. Les nuages blancs ressemblent à des lapins.

d. Sidonie observe les étoiles avec une lunette astronomique.

e. Une fleuriste prépare un bouquet avec des roses et des iris.

3 **Souligne** uniquement les groupes nominaux.

Il se lève. – les clowns – la capitaine – chaise – tout seul – un autobus – Viens vite !

4 **Relie** chaque déterminant au nom qui convient.

une •	• train
un •	• écureuil
l' •	• mésanges
des •	• comédienne

5 **Colorie** en rouge les déterminants au féminin et en bleu les déterminants au masculin.

a. La Lune tourne autour de la Terre.

b. Le jardinier admire un gigantesque palmier dans la serre.

c. Un serveur apporte une carafe d'eau à la cliente.

d. La libellule vole au-dessus de la mare.

4 **Souligne** les groupes nominaux, puis **entoure** les déterminants.

a. Le voleur s'est enfui.

b. Il nous faut un balai.

c. Des danseuses se reposent.

d. Il regarde par la fenêtre.

e. Ils applaudissent les comédiens.

f. Les vagues ont détruit le château.

g. L'araignée tisse une toile.

5 **Classe** ces groupes nominaux dans le tableau.

cette bicyclette – mes yeux – mon écharpe – un tabouret – les lunettes – mon amie – ce chat – la géographie – des instruments – tes biscuits

Déterminant et nom au singulier	Déterminant et nom au pluriel
....	....
....	....
....	....
....	....
....	....

6 **Barre** l'intrus dans chaque liste.

a. la lampe – cette gomme – un crayon – la feuille

b. ce roman – le cahier – un classeur – une étiquette

c. les guirlandes – des fanions – cette fête – ces lampions

d. le gâteau – la crème – un vermicelle – des crêpes

e. des tartines – des chaussettes – ces gants – mes lunettes

1 **Trouve** les noms, puis **entoure** les déterminants qui peuvent être utilisés devant ces noms.

a. un – une – le – la – l' – les – des

b. un – une – le – la – l' – les – des

c. un – une – le – la – l' – les – des

d. un – une – le – la – l' – les – des

2 **Remplace** le déterminant « l' » par « un » ou « une ».

a. l'oreille → ....

b. l'hippopotame → ....

c. l'image → ....

d. l'orange → ....

3 **Complète** ces phrases avec des déterminants au singulier.

a. .... pont permet de traverser .... rivière.

b. .... postier dépose .... paquet dans .... boîte aux lettres.

4 **Recopie** les groupes nominaux en remplaçant « un » ou « une » par « le », « la » ou « l' ».

a. une girafe → ....
b. un éclair → ....
c. un arbre → ....
d. un mur → ....
e. une enfant → ....
f. une fermière → ....
g. une armoire → ....
h. un siècle → ....
i. une vérité → ....
j. une éponge → ....

5 **Recopie** les groupes nominaux avec le déterminant qui convient.

a. la / le jongleur → ....
b. l' / les animaux → ....
c. un / des travail → ....
d. le / les bocal → ....
e. les / la boulangères → ....
f. un / une corde à sauter → ....

6 **Complète** les phrases avec un groupe nominal de ton choix.

a. .... éteignent le feu.
b. .... efface le tableau.
c. Des oiseaux se perchent sur ....
d. Lève .... quand tu marches !
e. Il lit ....

7 **Réécris** la phrase en ajoutant les articles qui manquent.

Élisabeth peint portrait de reine.

....

1 **Entoure** uniquement les adjectifs.

un lac profond – une boisson fraîche – une fenêtre ouverte – un délicieux gâteau – un mauvais rêve – une belle chanson

2 **Recopie** uniquement les groupes nominaux qui ont un adjectif.

une lourde valise – un train rapide – une gare – une armoire – un bel été – une soupière vide – un livre passionnant – l'instituteur

....

....

3 Dans chaque phrase, **entoure** les adjectifs qui donnent des informations sur les noms en gras.

a. Le chat a des **oreilles** pointues.

b. L'**animal** féroce se cache derrière le buisson.

c. Sa maman porte des **lunettes** rondes.

d. La fille rattrape la **balle** perdue.

e. Laurène a fait un **rêve** fou.

f. La bonne **fée** aide la princesse à s'enfuir.

g. L'**infirmier** courageux se lève tôt le matin.

4 **Souligne** les groupes nominaux, puis **entoure** les adjectifs.

a. Il raconte une histoire drôle.

b. Ils mettent des habits neufs.

c. Elles sont de bonne humeur.

d. Je rêve d'une nouvelle maison.

e. Elles pénètrent dans la sombre forêt.

f. Tu veux un dessert gourmand.

5 Dans chaque phrase, **entoure** les adjectifs.

a. Naïma porte une belle écharpe rouge.
b. Le petit garçon timide se cache derrière son père.
c. C'est une chaude journée ensoleillée !
d. J'ai adopté un petit chien noir.
e. La courageuse exploratrice s'approche des animaux sauvages.
f. Tu rêves de partir dans un pays lointain et exotique.

6 **Relie** les groupes nominaux aux adjectifs qui conviennent.

	• portable
un ordinateur •	• sucrée
	• neuf
	• délicieuse
une boisson •	• fraîche
	• lourd

7 **Relie** chaque adjectif à son contraire.

bruyant •	• lent
agile •	• peureux
rapide •	• silencieux
courageux •	• maladroit
léger •	• ancien
nouveau •	• lourd

1 **Écris** les groupes nominaux en plaçant chaque adjectif avant ou après le nom comme indiqué.

a. splendide (après) → une maison

....

b. délicieux (après) → des gâteaux

....

c. courte (avant) → une promenade

....

d. vilaine (avant) → une sorcière

....

e. ensorcelé (après) → un collier

....

f. énorme (avant) → un rocher

....

2 **Recopie** les phrases avec l'adjectif qui convient.

a. J'ai des chaussures neuves / vides.

....

b. Peux-tu m'offrir ce sage / beau bracelet ?

....

c. Il a une sacoche trouée / amoureuse.

....

d. Les animaux domestiques / sauvages vivent dans la forêt.

....

e. Entends-tu le doux / rouge chant de cet oiseau ?

....

3 **Réécris** les phrases en ajoutant les adjectifs entre parenthèses à l'endroit qui convient.

a. Tu ajoutes des herbes dans l'omelette. (**fines**)

....

b. Dans ce film, une tour s'écroule. (**passionnant** / **gigantesque**)

....

....

c. Dans la boulangerie, je choisis un gâteau. (**chocolaté** / **petite**)

....

....

d. Elle raconte une histoire et ton rire résonne dans la salle. (**drôle** / **cristallin**)

....

....

4 **Réécris** ces phrases en remplaçant chaque adjectif par un autre de ton choix.

a. Il porte des gants neufs.

....

b. Elle admire une peinture ancienne.

....

c. Vous jouez avec une jolie poupée.

....

d. Tu glisses sur le carrelage propre.

....

e. Ils dévalent une piste dangereuse.

....

1 **Entoure** en rouge les mots dans lesquels on entend le son [s] et en bleu ceux dans lesquels on entend le son [z].

un oiseau – un serpent – une rose – un escargot – la raison – une estrade – un bisou – une histoire – une case

2 **Entoure** uniquement les mots dans lesquels la lettre *s* se prononce [s].

un disque – un téléviseur – un costume – la danse – un magasin – un cactus – une église – espionner – une maison – un masque – un sorcier

3 **Entoure** uniquement les mots dans lesquels la lettre *s* se prononce [z].

le raisin – un os – une souris – une noisette – la bise – un lasso – une liaison – un zèbre – un singe – une demoiselle – une ruse

4 **Classe** les mots dans le tableau.

la classe – un parasol – jadis – le sucre – une assiette – un ruisseau

Le son [s] s'écrit avec 1 seul *s*.	Le son [s] s'écrit avec 2 *s*.
....	....
....	....
....	....

5 **Souligne** les mots dans lesquels la lettre *s* ne s'entend pas.

mais – un os – il glisse – le corps – un intrus – alors – un poids – des chiens – un ours – une fusée – dehors – un lambris – la musique

6 **Barre** l'intrus de chaque liste.

a. un visage – la raison – un casque – une fusée

b. une boussole – un mystère – un bassin – le passé

c. un hérisson – une personne – danser – un as

d. un bonus – gros – un pays – un gars

e. le dos – un tracas – une souris – un virus

7 **Entoure** le mot qui convient.

a. Si ce verre tombe, il se case / casse.

b. Ce cousin / coussin est bordé d'une fine dentelle.

c. Le venin de ce serpent est un poisson / poison.

d. Le flan est mon désert / dessert favori.

e. La russe / ruse est la plus grande qualité du renard.

8 **Entoure** en rouge les mots dans lesquels la lettre *s* se prononce [s] et en bleu les mots dans lesquels la lettre *s* se prononce [z] dans ces phrases.

a. Il a posé sa serviette de bain et son parasol sur le sable.

b. Un paisible ruisseau coule devant la terrasse.

c. Sa caisse à outils lui sert de casier.

d. Il a écrit « trésor » au fond de son assiette.

e. Léo a mis une pastille de lessive dans le lave-vaisselle.

9 **Écris** une phrase avec un mot dans lequel la lettre *s* se prononce [s].

....

....

1 **Complète** les mots avec 1 ou 2 *s* pour faire entendre le son [s].

a. un de......in

b. un in......ecte

c. une ve......te

d. il dan......e

e. un fri......on

f. un mon......tre

g. un pou......in

h. un ba......in

2 **Complète** les mots avec 1 ou 2 *s* pour faire entendre le son [s] ou [z].

a. une ma......e

b. ab......ente

c. la cla......e

d. un va...... e

e. une cui......e

f. bon......oir

g. une pa......e

h. un ra......oir

3 **Complète** les phrases avec le mot qui convient.

cousin – coussin – poison – poisson – case – casse

a. Le thon est un .... de mer.

b. Je range mes livres dans ma ....

c. Le fils de ma tante est mon ....

d. La méchante reine trempe la pomme dans le ....

e. J'aime poser ma tête sur un .... moelleux.

f. Cette chanson me .... les oreilles !

4 **Complète** les phrases avec le mot qui convient.

a. Pinocchio raconte beaucoup de ....

b. Deux petits .... rouges nagent dans mon aquarium.

c. J'ai fait cuire des pâtes dans la ....

d. Mets un .... sur ta tête quand tu fais du vélo.

5 **Écris** sous chaque dessin le nom de l'animal.

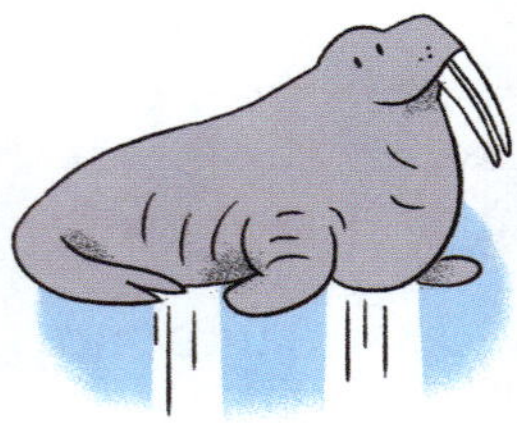

a. .... b. .... c. .... d. ....

6 **Complète** le mot avec 1 ou 2 *s* pour faire le son [s] dans les phrases.

a. Le poli......on fait couler une ca......cade de sucre en poudre
à travers une pa......oire.

b. Un immen......e nuage de pou......ière envahit le salon.

c. Per......onne ne sait qui a posé la que......tion dans la cla......e.

d. La maître......e rêve qu'elle de......ine un a......tre sur l'e......trade.

e. Un pa......ant rama......e un bi......cuit tombé de son sac.

7 **Écris** une phrase avec un mot où la lettre *s* se prononce [s] et un autre mot où elle se prononce [z].

....

....

1 **Entoure** en rouge les dessins dans lesquels on entend le son [k] et en bleu ceux dans lesquels on entend le son [s].

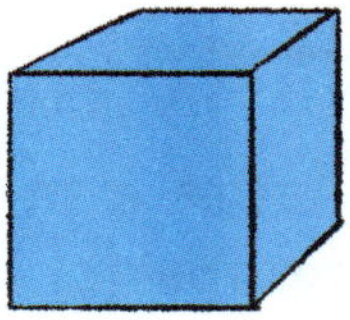

2 **Souligne** uniquement les mots dans lesquels la lettre *c* se prononce [k].

du caramel – une pince – un cochon – une leçon – un crocodile – une clé – un balcon – une carte – un citron – un lacet

3 **Souligne** uniquement les mots dans lesquels la lettre *c* se prononce [ʃ].

un archer – un archéologue – le chant – l'écho – une cloche – Christian – la chute – la chaleur – une chorale

4 **Barre** l'intrus de chaque liste.

a. un corbeau – un cadre – le cinéma

b. une coquille – une cimbale – une glace

c. un escargot – l'escrime – l'essence

d. un porche – un sac – un sachet

e. un éclair – un écran – une échelle

5 **Classe** les mots dans le tableau.

l'encre – un volcan – une ficelle – un soupçon – le corps – une trace

J'entends le son [k].	J'entends le son [s].
....	....
....	....
....	....

6 **Souligne** en rouge les mots dans lesquels la lettre *c* se prononce [k] et en bleu les mots dans lesquels elle se prononce [s].

une cravate – cinq – un muscle – un chemin – un coq – une cuvette – une sucette – un carré – un cousin – une cave – un cube

7 **Barre** les mots dans lesquels on n'entend pas le son [s].

un cygne – un crabe – une glace – un Français – un cou – un maçon – un clou – une cigogne – une cible – une carafe – une balance – un cintre – une découverte – une place – un convive – une centaine – une trace – une façade – une croix – une balançoire – un clown – une crème

8 **Relie** chaque mot au son que tu entends.

un artichaut •	
une recette •	• le son [s]
un coup •	• le son [k]
la clôture •	• le son [ʃ]
un cachou •	
une pièce •	

1 **Complète** les mots avec *c* ou *ç* pour faire entendre le son [s].

a. la pla...e

b. un gla...on

c. un re...u

d. un pin...eau

e. une sor...ière

f. il est dé...u

g. une ...igogne

2 **Complète** les phrases avec le mot qui manque.

a. L'......................... porte sa maison sur son dos.

b. Je mange un carré de ....

c. Il y a des .... et des filles dans ma classe.

d. J'emporte mes .... de couleur pour dessiner.

e. Je vais voir un .... de marionnettes.

f. La .... de Harry Potter s'appelle Hedwige.

g. Le .... fait des tours de magie.

3 **Complète** les mots avec *ch* ou *cl*.

a. Le ......asseur est rentré bredouille.

b. Je range mes dessins dans un ......asseur.

c. Il met son doigt sur sa bou......e.

d. La bou......e de sa ceinture est dorée.

e. Ma mère plante un ......ou avec son marteau.

f. Je ne suis pas né dans un ......ou.

g. Je me suis inscrite dans un ......ub d'échecs.

4 **Complète** les mots des phrases avec *c* ou *ç*.

a. Les ouvriers repeignent la fa...ade de la maison.

b. La limonade est meilleure avec un zeste de ...itron.

c. Pour Halloween, ma sœur et moi découpons une ...itrouille.

d. Elle mange sa soupe avec une grande ...uillère.

e. J'ai un servi...e à te demander.

f. Ma sœur a accouché d'un petit gar...on.

5 **Écris** sous chaque dessin le nom de l'animal.

a. .... b. .... c. .... d. ....

6 **Écris** 4 phrases avec les noms des animaux de l'exercice précédent.

a. ....

....

b. ....

....

c. ....

....

d. ....

....

1 **Entoure** en rouge les dessins dans lesquels la lettre *g* se prononce [g].

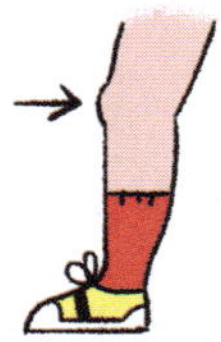

2 **Entoure** en bleu les mots dans lesquels la lettre *g* se prononce [ʒ].

un gâteau – une cage – une orangeade – un berger – un gilet –
la vigne – une grotte – la gymnastique – la géométrie

3 **Entoure** en vert les mots dans lesquels la lettre *g* se prononce [ɲ].

un régal – un signal – des algues – il souligne – un chignon –
un pigeon – un cygne – une guitare – un vigneron

4 **Entoure** uniquement les mots où la lettre *g* se prononce [g].

une gare – une girafe – un igloo – une figure – un siège –
une gravure – une asperge – un Égyptien

5 **Entoure** en rouge les mots dans lesquels la lettre *g* se prononce [g], en bleu quand elle se prononce [ʒ] et en vert quand elle se prononce [ɲ].

une orange – un gorille – une fougère – un campagnol –
un ange – une gamine – le peignoir – la longitude

6 **Barre** l'intrus dans chaque liste.

a. la rage – une girafe – la bagarre

b. rigolo – une orange – un garçon

c. une mangeoire – la jungle – une glace

d. il gronde – une grue – un géant

e. signer – une étagère – un peigne

7 **Classe** les mots dans le tableau.

un géant – il glisse – la géométrie – grandir – rougir – malgré – un globe – un bourgeon – une courgette – un angle – une vague – un groupe – un singe – une gomme

J'entends le son [g].	J'entends le son [ʒ].
....	....
....	....
....	....
....	....
....	....
....	....

8 **Entoure** le mot qui convient.

a. Une grande glu / grue soulève des poutres sur le chantier.

b. La mangue / mange est un fruit exotique.

c. Un ours se cache au fond de cette glotte / grotte.

d. La langue / lange permet de sentir le goût.

e. Le pignon / pigeon roucoule sous le banc.

1 **Complète** les mots avec *g* ou *gu* pour faire entendre le son [g].

a. un ci……are
b. la fati……e
c. une ca……oule
d. une ……itare
e. un lé……ume
f. une ……irlande

2 **Complète** les mots avec *g* ou *ge* pour faire entendre le son [ʒ].

a. un plon……on
b. un piè……e
c. un reporta……e
d. une na……oire
e. un gara……e
f. une oran……ade

3 **Complète** les mots avec *gu* pour faire entendre le son [g] ou *ge* pour faire entendre le son [ʒ].

a. la ……erre
b. un bour……on
c. une mar……erite
d. nous ran……ons
e. une ba……ette
f. un ……épard
g. un catalo……e
h. un plon……oir
i. une va……e

4 **Écris** la consonne *n*, *l* ou *r* qui suit le *g* dans ces mots.

a. un og...e

b. un ong...e

c. mig...on

d. une Ang...aise

e. une g...ippe

f. une ag...afe

g. un champig...on

5 **Écris** le nom sous chaque dessin.

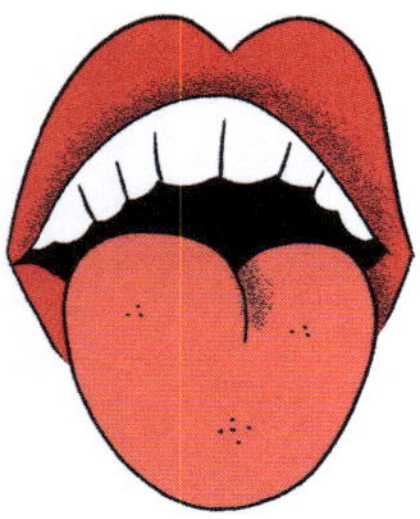

a. ....

b. ....

c. ....

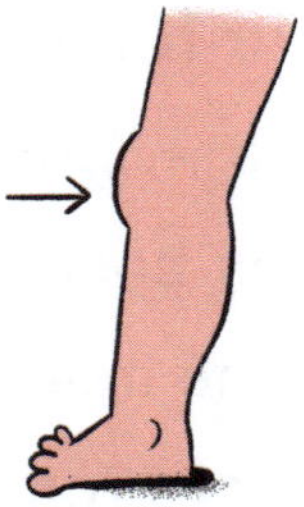

d. ....

1 **Souligne** uniquement les mots dans lesquels le son [ã] s'écrit *am* ou *em*. **Entoure** la lettre qui suit ce son.

un camping – la France – emmitouflé – ressembler – une antilope – décembre – une chanson – le printemps – la danse

2 **Souligne** uniquement les mots dans lesquels le son [ɛ̃] s'écrit *im*. **Entoure** la lettre qui suit ce son.

un intrus – un lutin – la simplicité – une imprimerie – le jardin – une invitation – impair – immangeable – impossible

3 **Classe** les mots dans le tableau.

le jambon – un pantalon – le temps – il emmène – une lentille – il mange – décembre

Le son [ã] s'écrit *en* ou *an*.	Le son [ã] s'écrit *em* ou *am*.
....	....
....	....
....	....
....	....

4 **Barre** l'intrus dans chaque liste.

a. la compote – une trompe – un ongle – une pompe
b. un impôt – intéressant – important – simple
c. un temple – il semble – un menteur – il emménage
d. une branche – grande – la campagne – une tranche
e. la tempe – la tente – emporter – tremper
f. une ampoule – un champignon – un pantalon – une jambe
g. imbuvable – intéressant – invincible

5 **Classe** les mots dans le tableau.

un nombre – un pont – une pompe – la ronde – il ronronne – une bombe – une compagnie – un oncle

Le son [ɔ̃] s'écrit *on*.	Le son [ɔ̃] s'écrit *om*.
....	....
....	....
....	....
....	....

6 **Classe** les mots dans le tableau.

installer – un imperméable – impossible – incassable – une invitation – insister – un timbre – imprévu – le chemin – imparfait

Le son [ɛ̃] s'écrit *in*.	Le son [ɛ̃] s'écrit *im*.
....	....
....	....
....	....
....	....
....	....

7 **Entoure** les mots dans lesquels les sons [ɑ̃], [ɔ̃] et [ɛ̃] s'écrivent avec un *m* dans les phrases.

a. En décembre, les enfants impatients attendent la neige.

b. Une tempête imprévue empêche les bateaux de prendre la mer.

c. Ces temps-ci, il est impossible de trouver de l'ombre.

d. L'ambulance emporte rapidement le skieur imprudent.

e. Léo et ses compagnons vont souvent ensemble à la campagne.

1 **Complète** les mots avec *m* ou *n*.

a. la da...se
b. la ja...be
c. le ve...t
d. il tre...ble
e. un ro...d
f. l'o...bre
g. une pi...ce
h. i...buvable
i. un o...cle

2 **Complète** les mots avec *an* ou *am*, *en* ou *em*, *in* ou *im*, *on* ou *om*.

a. gourm......d
b. ......mangeable
c. ......core
d. un ......secte
e. l'......bre
f. il m......te
g. s......bre
h. l'......testin
i. ......possible

3 **Écris** d'autres mots en ajoutant *en* ou *em*, *in* ou *im*.

visible – possible – tendre – capable – mêler

....

....

4 **Complète** les mots dans les phrases avec un *n* ou un *m*.

a. Le petit mo...stre e...porte la co...fiture dans sa cha...bre.

b. L'élépha...t lève sa tro...pe pour attraper des fria...dises.

c. La jume...t du pri...ce ga...bade dans le cha...p de blé.

d. Il faut coller un ti...bre sur l'e...veloppe.

e. J'ai gagné un ja...bon et une o...brelle à la to...bola.

5 **Relie** les syllabes pour former 5 mots.

sim •	• bien
cham •	• ber
com •	• bou
tom •	• ple
bam •	• bre

6 **Complète** le mot qui manque dans chaque phrase.

a. Le p.......................... éteint le feu.

b. L'a.......................... transporte les blessés.

c. D.......................... est le dernier mois de l'année.

d. Le p.......................... enjambe la rivière.

7 **Complète** les phrases.

a. On y dort : c'est la ....

b. On écrase les pommes pour faire de la ....

c. Si ce n'est pas compliqué, c'est ....

d. Si ce n'est pas poli, c'est ....

e. C'est le neuvième mois de l'année : ....

1 **Entoure** uniquement les mots invariables.

avec – bien – encore – autour – rivière – loin – chercheur – sous – chez – hier – jeune – beaucoup – mais – téléphone – moins – même – nom – peu – très – sans – livre – dedans – pont – dehors

2 **Souligne** le mot invariable qui est répété 2 fois.

a. Après le goûter, je joue et après, j'apprends mes leçons.
b. Je range mon manteau dans l'armoire et ce foulard dans le tiroir.
c. J'ai très faim et très soif.
d. Ta veste est bien jolie et te tient bien chaud.
e. Je n'ai ni la force ni la patience.

3 **Relie** chaque mot invariable à son contraire.

jamais •	• après
avec •	• peu
beaucoup •	• près
loin •	• toujours
avant •	• sans

4 **Barre** l'intrus dans chaque liste.

a. après – demain – loin – longtemps
b. sur – sous – jamais – autour
c. avec – sans – hier – entre
d. chez – dedans – pourquoi – dehors
e. dehors – aujourd'hui – maintenant – hier

5 **Écris** la syllabe qui manque dans ces mots invariables.

a. len...........ment

b. ....fois

c. ....coup

d. de...........

e. ....ssitôt

f. bien...........

g. au...........fois

h. mainte...........

6 **Complète** les phrases en utilisant 2 fois le même mot invariable : *avant, souvent, jamais.*

a. Je n'ai .... vu ce film et je n'ai .... entendu cette chanson.

b. Je vais .... à la piscine et .... à la patinoire.

c. J'arriverai .... toi et, sans doute, ... tout le monde.

7 **Coche** la question à laquelle le mot invariable souligné répond dans la phrase.

a. Demain, tu partiras au bord de la mer.

☐ Quand ?   ☐ Où ?

b. Léo se promène autour du lac.

☐ Quand ?   ☐ Où ?

c. La boulangerie se trouve entre deux boutiques de vêtements.

☐ Quand ?   ☐ Où ?

1 **Entoure** les mots qui se terminent par une lettre muette.

une moto – une brebis – le temps – un bus – le goût – un choc – un concert – parfois – blanc – mars – mais – un effort – partout

2 **Souligne** les mots invariables qui ne se terminent pas par une lettre muette.

souvent – hélas – moins – jadis – beaucoup – toujours – hier – avant – avec – sous – tôt – ici – près – aujourd'hui – devant – assez

3 **Écris** la dernière lettre de ces adjectifs au masculin en t'aidant de leur féminin.

*Exemple : adroi**t** (adroi**te**)*

a. pruden...
b. gourman...
c. ver...
d. ouver...
e. satisfai...
f. norman...

4 **Colorie** la lettre muette qui convient.

a. un paren t / d
b. le clima s / t
c. merveilleu s / x
d. beaucou p / t
e. un dra s / p
f. tar d / t
g. le chocola s / t
h. le fon p / d

5 **Complète** ces mots, puis **écris** un mot de la même famille.

a. un cam... → ....

b. le lai... → ....

c. un sau... → ....

d. ouver... → ....

e. un trico... → ....

f. un ron... → ....

g. un lo... → ....

6 **Utilise** ton dictionnaire pour trouver la dernière lettre muette de ces mots.

a. un repa...

b. le fron...

c. un doig...

d. debou...

e. partou...

f. le temp...

g. vieu...

h. un bandi...

7 **Complète** les mots avec la même lettre muette dans chaque phrase.

a. Deux gro... nuages gri... envahissent le ciel.

b. Le singe coupe un frui... en hau... de l'arbre.

c. L'enfant gourman... se lève d'un bon... quand il enten... le mot « bonbon ».

d. Elle a caché deu... perles dorées au creu... de sa main.

e. Le cam... des Indiens est tro... près de la frontière.

1 **Souligne** les sujets des verbes encadrés.

a. La marmotte habite dans les Alpes.

b. L'aigle vole au-dessus de la montagne.

c. Nous observons les animaux.

d. Les lapins dorment dans un terrier.

e. Ils se blottissent les uns contre les autres.

2 **Écris** (S) pour singulier ou (P) pour pluriel sous chaque sujet souligné.

a. La pluie tombe.

......

b. Elles préfèrent jouer sur la balançoire.

......

c. Dans cet arbre, les oiseaux gazouillent.

......

d. Il approche de la rivière.

......

e. Mes amies arrivent bientôt.

......

3 **Entoure** le pronom personnel sujet qui convient.

a. Il / Ils a fini sa glace.

b. Elle / Elles sont très belles.

c. Il / Ils préfèrent jouer dehors.

d. Elle / Elles ont raté l'avion.

e. Tes amis / Ta cousine est à la maison.

4 **Recopie** les phrases et remplace leur groupe nominal sujet par le pronom personnel sujet qui convient.

Il – Ils – Elle – Elles

a. Les piétons se promènent sur le trottoir.

....

b. Les boutiques ferment à midi.

....

c. Le chien traverse la rue.

....

d. La vendeuse emballe un cadeau.

....

e. Cette fleur se tourne vers le soleil.

....

5 **Relie** ces sujets aux verbes qui conviennent.

Les ours... •	• ...allons à la plage.
Nous... •	• ...chante cette chanson.
Je... •	• ...est déguisée.
Ma sœur... •	• ...sont dans leur tanière.

6 **Entoure** le verbe conjugué qui convient.

a. Les troupeaux monte / montent en alpage.

b. Juliette plantent / plante cet arbuste au soleil.

c. Connaît / Connaissent-ils le nom de ce ruisseau ?

d. Jadis, les dames prenait / prenaient ce chemin.

e. C'est dans cette chambre que les enfants dorment / dorme.

1 **Écris** (F) si le nom est féminin ou (M) s'il est masculin.

a. un renard (...)
b. une pieuvre (...)
c. la maison (...)
d. l'avion (...)
e. le corps (...)
f. un monstre (...)
g. une proie (...)
h. un compagnon (...)
i. la peur (...)
j. le courage (...)

2 **Écris** (P) si le nom est au pluriel ou (S) s'il est au singulier.

a. le jardin (...)
b. des salades (...)
c. des poireaux (...)
d. un potiron (...)
e. un cerisier (...)
f. des pommes (...)
g. des fraises (...)
h. une tomate (...)
i. un ananas (...)
j. les radis (...)

3 **Entoure** le déterminant qui convient à chaque nom et **recopie** le groupe nominal créé.

a. le / la fermeture → ....
b. le / la ciel → ....
c. les / le serviettes → ....
d. un / des ami → ....
e. une / un plateau → ....
f. un / une étrangère → ....
g. les / la chiennes → ....
h. un / une rêve → ....
i. un / une bureau → ....

4 **Relie** les noms au masculin aux noms au féminin qui leur correspondent.

un client •	• une ouvrière
un directeur •	• une femme
un ouvrier •	• une cliente
un homme •	• une gagnante
le roi •	• une directrice
un gagnant •	• la reine

5 **Relie** les noms au singulier aux noms au pluriel qui leur correspondent.

un couteau •	• des championnes
le moteur •	• des violons
une championne •	• des couteaux
un violon •	• les toupies
un oiseau •	• les moteurs
la toupie •	• des oiseaux

6 **Relie** les noms au masculin singulier aux noms au féminin pluriel qui leur correspondent.

ce voleur •	• des tigresses
un tigre •	• ses amies
son ami •	• ces voleuses
ce garçon •	• les patientes
le patient •	• ces filles
notre illustrateur •	• des lectrices
mon chat •	• nos illustratrices
un lecteur •	• mes chattes

1 **Écris** les noms au féminin.

a. un ami → une ....

b. un fermier → une ....

c. un lecteur → une ....

d. un prince → une ....

e. un lion → une ....

f. un coiffeur → une ....

g. un allié → une ....

2 **Écris** les groupes nominaux au pluriel.

a. un artiste → ....

b. une pince → ....

c. un cadeau → ....

d. la punaise → ....

e. un avion → ....

f. un oiseau → ....

g. un bijou → ....

3 **Écris** les groupes nominaux au pluriel.

a. un journal → ....

b. un cheval → ....

c. un bal → ....

d. un animal → ....

e. un vitrail → ....

f. un travail → ....

g. un détail → ....

4 **Complète** ces phrases avec les déterminants qui conviennent.

la – le – l'

a. Je suis en tête de .... course.

b. La foule acclame .... gagnante.

c. .... Soleil brille dans .... galaxie.

d. Je regarde .... avion décoller.

e. Je range .... oreiller dans .... armoire.

5 Pour chaque nom, **entoure** la terminaison qui convient.

a. Quand les trav ails / aux seront finis, nous pourrons emménager.

b. Dans le désert, il y a des chac als / aux.

c. Les journ als / aux parlent des inondations.

d. Les narv als / aux sont des anim als / aux marins.

e. Cet œuvre d'art contient de nombreux dét ails / aux.

6 **Complète** les phrases avec le nom qui convient au pluriel.

bocal – cheval – rail – métal – journal

a. J'ai lu dans les .... que le match est annulé.

b. Mamie met ses confitures dans des ....

c. C'est une jument qui a remporté la course de ....

d. Le fer et le plomb sont des ....

e. Les trains et les métros circulent sur des ....

7 **Écris** une phrase avec un nom au féminin pluriel.

....

....

1 **Souligne** uniquement les groupes nominaux qui ont un adjectif au féminin.

a. une belle princesse
b. le méchant loup
c. la vilaine sorcière
d. un ogre énorme
e. une longue histoire
f. une reine riche

2 **Souligne** uniquement les groupes nominaux qui ont un adjectif au pluriel.

a. les vieux arbres
b. un nouveau journal
c. les amis proches
d. une bonne idée
e. le vent fort
f. les tempêtes violentes

3 **Souligne** uniquement les groupes nominaux qui ont un adjectif au masculin singulier.

a. un nouvel ami
b. une tarte chaude
c. des villages inondés
d. le meilleur compagnon
e. la boutique fermée
f. le magasin ouvert

4 **Souligne** uniquement les groupes nominaux qui ont un adjectif au féminin pluriel.

a. une vraie aventure

b. des belles histoires

c. les hautes montagnes

d. une jeune fée

e. des îles désertes

f. la longue rivière

5 **Souligne** en vert les adjectifs au féminin et en bleu les adjectifs au masculin.

a. Le pompier secourt la vieille dame.

b. Ce savant fou invente un remède.

c. Une douce musique résonne dans ma tête.

d. Mon grand-père a une montre neuve.

e. Nous aurons tous un robot intelligent.

6 **Écris** (S) pour singulier ou (P) pour pluriel sous chaque adjectif.

a. La petite fille écoute l'histoire.

....

b. Tu fabriques de jolis bouquets.

....

c. Nous portons des habits colorés.

....

d. C'est une enfant heureuse.

....

e. Elles vivent de magnifiques aventures.

....

1 **Complète** chaque groupe nominal avec l'adjectif au féminin.

a. un grand village → une .... ville

b. un océan agité → une mer ....

c. un élève curieux → une élève ....

d. un vent léger → une brise ....

e. un joli bouquet → une .... jupe

2 **Complète** chaque groupe nominal avec l'adjectif au pluriel.

a. un nouveau voyage → des .... voyages

b. une simple visite → des .... visites

c. le dernier train → les .... trains

d. le fantôme effrayant → les fantômes ....

e. une grande catastrophe → des .... catastrophes

3 **Réécris** ces groupes nominaux au pluriel.

a. un chien méchant → ....

b. le grand théâtre → ....

c. un beau voyage → ....

d. un courrier urgent → ....

e. un renard rusé → ....

4 Pour chaque groupe nominal, **entoure** l'adjectif qui convient.

a. un clou rouillé / rouillée

b. des loups blancs / blanc

c. une fille intelligent / intelligente

d. un menu complète / complet

e. des pommes empoisonnées / empoisonnée

5 **Complète** chaque phrase avec l'adjectif qui convient.

cruel – cruels – cruelle – cruelles

a. Une sorcière .... lui a jeté un sort.

b. C'est un monstre .... qui habite cette grotte.

c. Ce sont des histoires .... qui font peur.

d. Des pirates .... ont capturé la reine.

6 **Accorde** l'adjectif en fonction du nom qu'il accompagne.

a. Une violent...... tempête a déraciné cet arbre.

b. Des vents violent...... soufflent sur la plage.

c. De violent...... secousses ont fait trembler la terre.

d. Un geste violent...... l'a éliminé du jeu.

7 **Complète** chaque groupe nominal avec un adjectif qui convient. **Accorde**-le avec le nom qu'il accompagne.

a. Des fleurs .... ornent le salon.

b. Nous avons passé une .... journée avec vous.

c. On chante beaucoup dans les comédies ....

d. Les princes .... n'existent peut-être plus.

e. L'ananas est un fruit ....

8 **Écris** 2 phrases avec 2 adjectifs : un au masculin et un au féminin, puis un au singulier et un au pluriel.

a. ....

....

b. ....

....

1 **Souligne** les groupes nominaux au singulier et **entoure** leur déterminant.

a. un gentil camarade
b. des fruits juteux
c. le train rapide
d. les sacs pleins
e. une gare bondée
f. la jolie robe
g. les vignes verdoyantes
h. une île lointaine
i. des poissons volants
j. un enfant sage

2 **Souligne** les groupes nominaux au pluriel et **entoure** leur déterminant.

a. le gardien vigilant
b. des animaux attachants
c. des bonnes affaires
d. un bruit intolérable
e. un travail facile
f. des journées ordinaires
g. un temps superbe
h. les grandes maisons
i. les passants agités
j. un chien affamé
k. des amis fidèles

3 **Classe** ces groupes nominaux dans le tableau.

un sapin enneigé – une eau froide – l'hirondelle blessée – l'avion décoré – le vent léger – un artiste renommé – la grande girafe – une serviette sale

Masculin	Féminin
....	....
....	....
....	....
....	....
....	....

4 **Écris** ces groupes nominaux au pluriel et **souligne** leur adjectif.

a. un train bleu → ....

b. une douce nuit → ....

c. la montagne enneigée → ....

d. un village charmant → ....

e. une histoire drôle → ....

5 **Écris** les groupes nominaux au genre et au nombre demandés, puis **souligne** leur nom.

a. un petit chat → féminin / singulier

....

b. une immense chambre → féminin / pluriel

....

c. des bons gâteaux → masculin / singulier

....

d. un lion enragé → féminin / pluriel

....

1 Souligne uniquement les verbes à l'infinitif.

montre – marcher – sortir – caches – jeter – vouloir – guérir – seau – parler – faire – nouveauté – être – avoir – sorcière – emporter – sonner – répondre – avons – grandir

2 Souligne uniquement les verbes conjugués.

voulons – dessin – guériras – grimace – filet – filais – dessinez – grimacent – livrons – serviette – sert – revenir – plan

3 Entoure les verbes à l'infinitif.

a. Ils ne veulent pas jouer avec nous.
b. Peter Pan a peur de grandir.
c. Je sais nouer mes lacets.
d. Vous pouvez écrire des chansons.
e. Tu essaies de grimper à la corde.
f. Il est interdit de sauter.

4 Entoure les verbes conjugués.

a. Il plante des tomates dans son jardin.
b. Je regarde ma montre.
c. Hier, le soleil brillait.
d. Nous soulignons la date.
e. Nous sommes heureux de te voir.
f. Nous pouvons partir en vacances.

5 **Dans chaque phrase, entoure en bleu le verbe à l'infinitif et en rouge le verbe conjugué.**

a. Je sais très bien dessiner les animaux.

b. Le vent continue de souffler très fort.

c. Le chien n'arrête pas d'aboyer.

d. Vas-tu trouver le temps de venir ?

6 **Recopie les phrases, puis souligne les verbes conjugués et écris leur infinitif.**

a. L'exploratrice fait des découvertes passionnantes.

→ ....

....

b. Nous sommes en vacances.

→ ....

c. Ils disent des bêtises.

→ ....

d. Je monte dans le train.

→ ....

7 **Classe ces verbes dans le tableau.**

il danse – nous regardons – elle rougit – ils distribuent – vous réfléchissez – j'applaudis

Infinitif en *-er*	Infinitif en *-ir*
....	....
....	....
....	....

1 **Écris** l'infinitif de ces verbes conjugués.

a. tu donnes → ....
b. elles écrivent → ....
c. nous fabriquons → ....
d. je cuisine → ....
e. vous posez → ....
f. ils encouragent → ....
g. elle perd → ....
h. ils viennent → ....
i. je descends → ....

2 **Relie** chaque verbe à l'infinitif au verbe conjugué correspondant.

calculer •	• elles arrivaient
habiller •	• nous calculons
arriver •	• il surveillait
nager •	• je nage
surveiller •	• tu habilles

3 **Entoure** le pronom personnel sujet qui convient.

a. Je / Nous plantons des arbres.
b. Vous / Tu courez vite.
c. Il / Nous dort dans le berceau.
d. Elles / Je apprennent une poésie.
e. Ils / Je viens du Japon.
f. Elle / Tu cueille des roses.
g. Nous / Ils sont heureux.

4 **Complète** chaque forme verbale avec le pronom personnel sujet qui convient.

je – tu – elle – nous – vous – ils

a. .... écrivons

b. .... nagent

c. .... tournes

d. .... savez

e. .... regarde

f. .... mange

5 **Complète** les phrases avec le pronom personnel sujet qui convient.

Je – Nous – Elle – Ils – Vous – Tu

a. .... boivent de l'eau.

b. .... changes d'avis.

c. .... achetez des légumes.

d. .... découvrons une île déserte.

e. .... prends mon sac à dos.

f. .... connaît ses tables de multiplication.

6 **Complète** cette liste à faire avec 4 verbes à l'infinitif.

Aujourd'hui, je dois :

- faire mes devoirs ;
- .... ;
- .... ;
- .... ;
- ....

1 Entoure le temps de chaque phrase.

a. Après déjeuner, nous jouerons au foot. passé / présent / futur

b. L'an dernier, j'étais en CP. passé / présent / futur

c. Mon frère arrive aujourd'hui. passé / présent / futur

d. Nous n'irons plus dans cette boutique. passé / présent / futur

e. Autrefois, les femmes avaient des ombrelles. passé / présent / futur

2 Classe les verbes dans le tableau.

tu as vu – tu verras – tu vois – il prendra – il prenait – il prend – vous portez – vous porterez – vous portiez

Passé	Présent	Futur
....	....	....
....	....	....
....	....	....
....	....	....
....	....	....

3 Entoure uniquement les phrases que tu peux commencer par « Demain ».

a. Nous décorerons le sapin.

b. Il prépare des tartines pour le petit-déjeuner.

c. Tu trouveras de nouvelles idées.

d. Les enfants ont construit un château de sable.

e. Elle retrouvera le chemin.

f. Ils prenaient le métro.

4 **Indique** le temps de chaque phrase.

passé – présent – futur

a. Les nuages arriveront bientôt. → ....

b. La pluie est tombée. → ....

c. Le soleil brille. → ....

d. Tu as fait un gâteau. → ....

e. Nous serons présents pour ton anniversaire. → ....

f. Ma cousine vient à la maison. → ....

5 **Entoure** uniquement les phrases que tu peux commencer par « En ce moment ».

a. La montgolfière survolait les champs.

b. Je bricole dans ma chambre.

c. Clément et Lana font du piano au conservatoire.

d. La gardienne surveillait l'immeuble.

e. J'ai revu mes grands-parents.

6 **Souligne** chaque verbe conjugué et **écris** son temps en dessous.

a. Léa ramasse des feuilles pour son herbier.

....

b. Nous ferons ce puzzle ensemble.

....

c. Je ne pouvais plus m'arrêter de rire.

....

d. Jadis, les dinosaures régnaient sur la Terre.

....

1 Colorie le verbe qui convient.

a. En ce moment, le ballon [roulera] [roule] [a roulé] sur la route.

b. L'année dernière, les bateaux [ont traversé] [traverseront] [traversent] le canal.

c. Bientôt, nous [avons appris] [apprenons] [apprendrons] les multiplications.

2 Recopie les phrases avec le mot qui convient.

Hier – Aujourd'hui – Demain

a. ...., nous apprendrons une poésie.

b. ...., nous avons planté des graines de haricot.

c. ...., nous lisons un roman d'aventures.

3 Dans chaque phrase, entoure les 2 mots qui permettent de savoir quand se déroule l'action.

a. Demain, nous prendrons le train.

b. Jadis, les hommes vivaient dans des grottes.

c. Maintenant, j'habite dans une grande maison.

d. Autrefois, mes parents n'avaient pas d'ordinateur.

4 Complète ces phrases avec le verbe qui convient.

cachait – cache – cachera

a. Enzo .... sa dent de lait sous son oreiller.

b. L'hiver dernier, mon chien .... ses os dans le jardin.

c. Demain, maman .... ton cadeau d'anniversaire.

5 **Colorie** en rouge les mots qui indiquent le passé ; en bleu les mots qui indiquent le présent ; en vert les mots qui indiquent le futur.

demain	en 2042	du temps des dinosaures	autrefois
quand j'étais petite	hier	aujourd'hui	dans un mois
après-demain	cette semaine	la semaine dernière	maintenant
quand je serai grand	il y a un an	ce matin	en ce moment

6 **Complète** les phrases avec le verbe qui convient.

recevait – attend – fait – roulaient – prendra

a. Il .... le début du cours de chant.

b. Tout à l'heure, elle .... le prochain avion.

c. Hier, il .... un colis.

d. Aujourd'hui, il .... beau.

e. Autrefois, peu de voitures .... dans les villes.

7 **Réécris** ces phrases avec les indicateurs de temps.

a. Nous admirons cette cascade.

Hier, ...

b. Ils écriront une longue lettre.

Maintenant, ...

c. Tu as récité une nouvelle poésie.

Demain, ...

1 **Entoure** les verbes du 1er groupe.

sortir – fêter – libérer – apprendre – guérir – traîner – jouer – pédaler – décider – fleurir – montrer – escalader – sauver – vouloir – faire – grimacer – obéir

2 **Barre** l'intrus dans chaque liste.

a. je garde – je brûle – je bois – je téléphone
b. il écrit – il pousse – il nage – il pose
c. nous changeons – nous lisons – nous goûtons – nous observons
d. vous découpez – vous déménagez – vous courez – vous achetez

3 **Souligne** uniquement les verbes conjugués au présent.

il écoute – nous visiterons – ils saluaient – je blesse – vous secouez – elle penche – tu articulais – vous creusez

4 **Souligne** le pronom personnel sujet et **entoure** la terminaison des verbes.

je danse – ils grondent – nous arrêtons – tu bavardes – elles rangent – il montre – vous démarrez – elle indique – elle commence – tu siffles – vous sautez – ils racontent

5 **Sépare** le radical et la terminaison par un trait vertical.

Exemple : tu portes → tu port|es

elle bâille – vous comptez – elles poussent – je range – nous tournoyons – ils sèment – tu tries – elle découpe – vous marchez – tu écoutes – nous grimpons

6 **Colorie** le pronom personnel sujet qui convient.

a. Ils Il travaillent tard.

b. Il Nous jardinons souvent.

c. Je Tu regardes un film.

d. Vous Elles admirez son dessin.

e. Elle Elles creuse une galerie.

f. Je Tu ramasse des trèfles à quatre feuilles.

7 **Souligne** chaque verbe conjugué et **entoure** la phrase s'il est au présent.

a. Les nains travaillent dans la forêt.

b. Nous regardions les loups dans leur enclos.

c. Mes amies aiment me voir danser.

d. Vous fermerez la porte en sortant !

e. Un avion passe dans le ciel.

f. Je prête mes affaires.

8 **Complète** ces phrases avec le pronom personnel sujet qui convient.

Je – Tu – Nous – Vous – Elles – Il

a. .... donnons notre avis.

b. .... porte une écharpe colorée.

c. .... observes un oiseau.

d. .... bavardez en classe.

e. .... réparent leur vélo.

f. .... enfile son tee-shirt.

1 **Entoure** la terminaison qui convient.

a. ils parl ent / e
b. nous ferm es / ons
c. tu chang es / ent
d. vous arriv ons / ez
e. je ramass ez / e
f. elle vérifi e / es

2 **Conjugue** les verbes avec le pronom personnel sujet indiqué.

a. goûter → nous ....
b. brûler → il ....
c. planter → tu ....
d. jouer → elles ....
e. commencer → vous ....
f. dessiner → je ....

3 **Entoure** le sujet qui convient.

a. Le singe / Nous mange une banane.
b. Elles / La championne montre sa médaille.
c. Je / Vous portez des costumes de clowns.
d. Le chat / Ils grimpe sur la table.
e. Ils / Je regarde un film.

4 **Réécris** ces phrases en mettant le sujet au pluriel.

a. Tu emportes toujours ce téléphone.

→ ....

b. J'invite des amis ce soir.

→ ....

c. Elle rassemble toutes les peluches sur le lit.

→ ....

d. Je respire l'air vivifiant de la montagne.

→ ....

5 **Recopie** les phrases en conjuguant les verbes entre parenthèses au présent.

a. Vous (écouter) un concert.

....

b. L'écureuil (cacher) des noisettes.

....

c. Les pirates (creuser) un trou dans le sable.

....

d. Tu (jouer) à un jeu de société.

....

e. Je (mélanger) les ingrédients.

....

f. Je ne (parler) pas aux inconnus.

....

6 **Écris** la terminaison de ces verbes du 1er groupe au présent.

a. je regard.........
b. nous chant.........
c. tu pleur.........
d. vous arriv.........
e. il écout.........
f. ils jou.........
g. elle navigu.........
h. elles dessin.........
i. vous tomb.........
j. elle racont.........

1 **Souligne uniquement le verbe « être ».**

nous avons – elles sont – il est – vous faites – ils ont –
tu dis – il va – ils lisent – je suis – tu as

2 **Souligne uniquement le verbe « avoir ».**

vous êtes – tu as – nous faisons – vous avez – elles disent –
j'ai – il est – nous sommes – ils ont – nous allons

3 **Entoure, dans chaque phrase, le sujet et souligne le verbe « être » conjugué au présent.**

a. Les championnes sont sur la ligne d'arrivée.
b. Êtes-vous prêts à partir ?
c. Quand Céline te parle, tu es tout rouge.
d. Tes jambes sont lourdes !
e. Nous sommes en retard.
f. Le chien est le meilleur ami de l'homme.
g. Je suis la déléguée de classe.

4 **Entoure, dans chaque phrase, le sujet et souligne le verbe « avoir » conjugué au présent.**

a. Le cuisinier a une toque sur la tête.
b. Nous avons peur de prendre l'avion.
c. Elles ont un nouveau chaton.
d. Avez-vous quelque chose à dire ?
e. Elle a l'air contente.
f. Tom et toi avez de jolies chaussures.
g. Maintenant, j'ai un cours de piano.

5 **Souligne** le verbe « avoir » en rouge et le verbe « être » en bleu.

a. Il est très étonné.

b. Nous avons des courses à faire.

c. Tu as une nouvelle amie.

d. En hiver, les journées sont courtes.

e. Nous sommes surprises de te voir.

f. Vous avez le mal de mer.

g. Ils ont peur du noir.

6 **Classe** les verbes dans le tableau.

il est – elles ont – tu as – je suis – nous avons –
il a – vous êtes – ils sont

Avoir	Être
....	....
....	....
....	....
....	....

7 **Complète** ces phrases avec le pronom personnel sujet qui convient.

Tu – Elle – J' – Ils – Il – Nous

a. .... a l'air fâché.

b. .... sont tristes.

c. .... es à la campagne.

d. .... ai un nouveau bonnet.

e. .... est aviatrice.

f. .... avons de la chance.

1 **Entoure** le verbe conjugué qui convient.

a. Est / Es -tu sûr de venir ?

b. Ces exercices sont / est très faciles.

c. Elle suis / est prisonnière dans une tour.

d. Je es / suis dans la file d'attente.

2 **Entoure** le verbe conjugué qui convient.

a. Nous avons / avez des projets pour ce soir.

b. Elles ont / a faim.

c. Ma maison avez / a des volets verts.

d. J' as / ai mal au dos.

3 **Complète** chaque phrase avec le verbe « avoir » au présent.

a. Il .... envie de dormir.

b. Elle .... très chaud.

c. Ils .... de la chance.

d. Nous .... un rhume.

e. Vous .... du courrier aujourd'hui.

4 **Complète** chaque phrase avec le verbe « être » au présent.

a. Elles .... en route pour le match.

b. Je .... dans la cuisine.

c. Vous .... maladroits.

d. Nous .... avec nos grands-mères.

e. Ces animaux .... sauvages.

5 **Complète** le texte avec le verbe « avoir » ou « être » au présent.

Les sirènes .... des personnages fantastiques.

Elles .... une queue de poisson. Leurs voix ....

merveilleuses. Leur royaume .... au fond de l'océan.

6 **Complète** chaque phrase en utilisant les verbes « être » et « avoir » pour décrire la sorcière.

- La sorcière ....
- Ses cheveux ....
- Son nez ....
- Ses vêtements ....

7 **Utilise** chaque expression dans une phrase, en conjuguant les verbes « être » et « avoir » au présent.

être heureux(se) de – avoir hâte de

a. ....

....

b. ....

....

1 **Entoure** uniquement les verbes « aller, faire, dire » et « venir » conjugués au présent.

a. je vais – nous allons – j'allais – vous allez

b. ils font – tu fais – nous faisons – il faisait

c. tu diras – ils disent – vous dites – elle dit

d. tu viens – ils viennent – elle vient – nous venions

2 **Barre** le verbe qui n'est pas conjugué au présent dans chaque liste.

a. **aller** : tu vas – nous allons – ils iront – elles vont

b. **dire** : je disais – il dit – nous disons – vous dites

c. **faire** : nous faisons – tu feras – tu fais – ils font

d. **venir** : nous venons – vous viendrez – je viens – ils viennent

3 **Entoure** le pronom personnel sujet qui convient à chaque verbe.

a. je / il vais

b. tu / il va

c. il / tu viens

d. tu / il dis

e. je / il fait

f. ils / nous font

g. vous / il dites

h. tu / nous venons

4 **Entoure** en rouge le verbe « aller » et en vert le verbe « venir » conjugués au présent.

je vais – nous venons – tu viens – nous allons –

vous venez – tu vas – elles vont – il vient

5 **Écris** l'infinitif de ces verbes.

a. je fais : ....
b. tu vas : ....
c. elle dit : ....
d. je viens : ....
e. vous venez : ....
f. tu dis : ....
g. il va : ....
h. nous faisons : ....
i. ils disent : ....
j. nous allons : ....

6 **Complète** ces verbes avec la terminaison au présent qui convient.

a. je di...........
b. tu fai...........
c. je vai...........
d. tu va...........
e. elle vien...........
f. ils f...........
g. elles vienn...........
h. vous fai...........
i. vous di...........
j. ils v...........
k. il di...........
l. tu vien...........
m. il fai...........
n. je fai...........
o. tu di...........
p. nous ven...........
q. ils dis...........
r. nous all...........
s. vous all...........
t. nous fai...........

7 **Classe** les verbes dans le tableau.

je vais – tu fais – nous disons – vous faites – nous allons –
elle va – il fait – vous dites – elles disent – nous faisons

Aller	Dire	Faire
....	....	....
....	....	....
....	....	....
....	....	....

1 **Complète** les phrases avec le verbe « aller » au présent.

a. Elle .... chez le dentiste.
b. Nous .... en Corse.
c. Ils .... voir les tortues.
d. Je .... chercher Daniel.
e. Tu .... à la piscine.

2 **Complète** les phrases avec le verbe « faire » au présent.

a. Nous .... du ski.
b. Je .... un dessin.
c. Ils .... une promenade dans la forêt.
d. Vous .... une cabane en bois.
e. Tu .... des courses.

3 **Complète** les phrases avec le verbe « dire » au présent.

a. Elle .... de faire attention aux voitures.
b. Vous .... que vous serez en retard.
c. Je .... la vérité !
d. Ils .... qu'il faut partir bientôt.
e. Nous .... des bêtises.

4 **Complète** les phrases avec le verbe « venir » au présent.

a. Ils .... en avion.
b. Je .... de terminer mon livre.
c. Est-ce que vous .... pour mon anniversaire ?
d. Nous .... pour les vacances.
e. Elle .... voir sa grand-mère.

5 **Complète** ces phrases en conjuguant les verbes entre parenthèses au présent.

a. Vous (aller) .... au cinéma avec nous.

b. Il (faire) .... peur à sa petite sœur.

c. Mes amis (dire) .... que je suis drôle.

d. (Venir) ....-tu à ma fête ?

e. Nous (aller) .... voir mamie.

6 **Réécris** ces phrases avec le pronom personnel sujet demandé.

a. Elle dit un joli poème. (Nous)

....

b. Je viens nager dans cette piscine. (Ils)

....

c. Les athlètes font des sauts extraordinaires. (Elle)

....

d. Ma sœur et moi allons au zoo. (Tu)

....

e. Il fait triste mine. (Vous)

....

7 **Complète** avec les verbes « aller, faire, dire » ou « venir » au présent.

a. Vous .... de gros progrès.

b. Tu .... n'importe quoi !

c. Vous .... au cinéma.

d. Ils .... nous voir.

e. Il .... semblant de pleurer.

f. Nous .... la vérité.

1 **Entoure** uniquement les verbes conjugués au présent dans chaque liste.

a. je prends – tu prenais – ils prennent

b. ils veulent – je veux – elle voulait

c. vous voyez – nous verrons – tu vois

d. elle peut – je peux – elles pourront

e. nous voulions – vous voulez – elle veut

2 **Barre** le verbe qui n'est pas conjugué au présent dans chaque liste.

a. **prendre** : tu prends – il prend – nous prendrons – elles prennent

b. **voir** : je vois – il voyait – nous voyons – elles voient

c. **vouloir** : il veut – nous voulons – vous vouliez – ils veulent

d. **pouvoir** : je pourrai – tu peux – nous pouvons – vous pouvez

3 **Entoure** le pronom personnel sujet qui convient.

a. je / il prends

b. tu / il vois

c. je / il veut

d. vous / nous voyez

e. elles / elle peuvent

f. nous / vous prenons

4 **Entoure** en rouge le verbe « voir » et en vert le verbe « vouloir » conjugués au présent.

je vois – nous voulons – tu veux – nous voyons –
vous voulez – tu vois – elles voient – il veut

5 **Écris** l'infinitif de ces verbes.

a. je veux → ....
b. tu prends → ....
c. elle voit → ....
d. je vois → ....
e. vous prenez → ....
f. tu peux → ....
g. il veut → ....
h. nous voulons → ....
i. ils prennent → ....

6 **Entoure** le pronom personnel sujet qui convient dans chaque phrase.

a. Je / Il veux ma trottinette.
b. Nous / Vous voyons enfin la mer.
c. Je / Ils peuvent jouer dans la cour.
d. Ils / Elle prennent des photos du château.
e. Tu / Elle voit la mer au loin.
f. Nous / Tu peux sortir dans le jardin.

7 **Entoure** la terminaison qui convient.

a. Elle pren ds / d son pique-nique.
b. Je peu x / t grimper tout en haut de l'arbre.
c. Ils voi s / ent un aigle tournoyer dans le ciel.
d. Vous voul ez / ent visiter le musée du Louvre.
e. Elle veu x / t regarder les étoiles.
f. Vous voy ez / ons l'oiseau sur son perchoir.

1 Colorie le verbe qui convient.

a. Nous [prenons] [prennent] un dessert.

b. Est-ce que tu [peut] [peux] attraper cette bouteille ?

c. Elles [veut] [veulent] un petit chat roux !

d. Est-ce que vous [voyez] [voient] l'arc-en-ciel ?

2 Conjugue les verbes avec le pronom personnel sujet demandé.

a. **voir** : elles .... ; tu ....

b. **prendre** : il .... ; nous ....

c. **pouvoir** : vous .... ; ils ....

d. **vouloir** : il .... ; vous ....

e. **prendre** : je .... ; ils ....

f. **vouloir** : elles .... ; tu ....

g. **voir** : vous .... ; il ....

h. **pouvoir** : je .... ; elle ....

3 Complète les phrases avec un pronom personnel sujet qui convient.

a. .... prend une douche.

b. .... peuvent cueillir des pommes.

c. .... voulons des jeux vidéo.

d. .... vois mal les couleurs.

e. .... veux sauter dans l'eau.

f. .... pouvez aller au parc.

g. .... voient leurs grands-parents ce week-end.

4 **Recopie** les phrases en conjuguant les verbes entre parenthèses au présent.

a. Je (prendre) le départ de la course.

....

b. Nous (voir) des dauphins dans la mer.

....

c. Elles (pouvoir) traverser le désert.

....

d. Il (vouloir) camper dans la forêt.

....

5 **Réécris** ces phrases avec le pronom personnel sujet demandé.

a. Elle prend une assiette de frites. (Nous)

....

b. Je peux nager dans cette piscine. (Ils)

....

c. Les championnes veulent remporter la course. (Elle)

....

d. Mon frère et moi pouvons visiter le musée. (Tu)

....

6 **Complète** les phrases avec les verbes « prendre, voir, vouloir » ou « pouvoir » au présent.

a. Je ne .... pas soulever cette valise.

b. Si tu .... le métro, tu iras plus vite.

c. Depuis le haut de cette colline, nous .... très bien la mer.

d. Si vous le .... bien, nous allons appeler un taxi.

1 **Entoure** les terminaisons des verbes à l'imparfait.

nous mangions – tu rêvais – je m'amusais – vous murmuriez – ils avançaient – elle jouait – tu indiquais – ils trouvaient

2 **Sépare** le radical et la terminaison par un trait vertical.

Exemple : elle grimpait → elle grimp | ait

ils écoutaient – vous laviez – je téléphonais – nous fermions – tu arrivais – elle montrait – nous visitions – elles restaient – je coupais – vous imaginiez – il creusait

3 Dans chaque phrase, **colorie** le verbe à l'imparfait.

a. Les enfants [crient] [criaient] dans la cour.

b. La moto [roulait] [roule] à toute allure.

c. Nous [terminions] [terminons] notre repas.

d. Tu [passes] [passais] de bonnes vacances.

4 **Entoure** uniquement les verbes conjugués à l'imparfait.

vous appeliez – je parle – nous tombions – il regardait – tu devines – je préférais – tu vérifiais – ils livraient – ils collent

5 **Barre** le verbe qui n'est pas conjugué à l'imparfait dans chaque liste.

a. je parlais – elle parlait – nous parlions – vous parlez

b. vous regardiez – tu regardais – il regarde – elles regardaient

c. nous décorons – nous décorions – je décorais – elle décorait

d. tu enseignais – vous enseigniez – j'enseignais – nous enseignons

6 **Complète** les terminaisons de ces verbes à l'imparfait.

a. je barbouill.............
b. tu dessin.............
c. il ramp.............
d. nous port.............
e. vous navigu.............
f. ils cass.............
g. tu ferm.............
h. nous mont.............

7 **Entoure** le pronom personnel sujet qui convient.

a. Je / Elle mangeait une glace.
b. Nous / Vous caressions ce chien.
c. Tu / Ils jouaient de la guitare.
d. Elle / Elles indiquaient le bon chemin.
e. Vous / Tu soigniez cet oiseau blessé.

8 **Complète** ces phrases avec le pronom personnel sujet qui convient.

Je – Tu – Nous – Vous – Elles – Il

a. .... demandions de l'aide.
b. .... transportais des boîtes.
c. .... éclairais la chambre.
d. .... protégiez son secret.
e. .... gardaient le palais.
f. .... préparait ses valises.

1 **Conjugue** ces verbes à l'imparfait à la personne demandée.

a. **coller** : je ....
b. **semer** : nous ....
c. **découper** : elles ....
d. **habiter** : il ....
e. **poser** : vous ....
f. **renverser** : tu ....

2 **Conjugue** les verbes à l'imparfait et **souligne** leur sujet.

a. Le cheval avanç........... lentement.
b. Nous regard........... les bateaux.
c. Tom et Léa entr........... dans la cuisine.
d. Après le repas, vous all........... jouer.
e. Tu saut........... par-dessus le mur.

3 **Réécris** ces phrases à l'imparfait.

a. Tu écoutes de la musique.

....

b. Mon frère porte un bonnet de laine.

....

c. Nous habitons cette maison.

....

d. Voyagez-vous en Italie ?

....

e. Je ne ronge pas mes ongles.

....

4 **Complète** les phrases en conjuguant le verbe entre parenthèses à l'imparfait.

a. Les chiens (flairer) .... la piste du renard.

b. Tu (raconter) .... très bien les histoires drôles.

c. Toi et moi (chasser) .... les moustiques.

d. Ils (déjeuner) .... avec nous.

e. Nous (composer) .... des poésies.

5 **Réécris** ces phrases avec le sujet donné.

a. Elle allumait les lampes.

→ Elles ....

b. Le marin ramait jusqu'à l'île.

→ Les marins ....

c. Tu invitais des amis.

→ Nous ....

d. Amine et moi regardions les poissons.

→ Amine et toi ....

e. Nous ramassions des fraises des bois.

→ Elle ....

6 **Écris** 4 phrases à l'imparfait avec les verbes suivants.

trouver – inventer – aimer – explorer

a. ....

b. ....

c. ....

d. ....

1 **Entoure** uniquement les verbes « être » et « avoir » conjugués à l'imparfait.

j'étais – nous avons – tu avais – il était – je suis –

nous avions – vous avez – vous étiez – ils avaient –

elles ont – tu étais – ils sont

2 **Écris** les terminaisons des verbes « être » et « avoir » à l'imparfait.

Être		Avoir	
j'étais	nous ét..........	j'av..........	nous avions
tu ét..........	vous étiez	tu avais	vous av..........
il était	elles ét..........	il av..........	elles avaient

3 **Relie** chaque pronom personnel sujet au verbe qui convient.

j' •	
il •	• étions
elles •	• étaient
tu •	• étais
nous •	• étiez
vous •	• était

elle •	
nous •	• aviez
tu •	• avait
vous •	• avaient
j' •	• avions
ils •	• avais

4 **Entoure** le verbe « avoir » à l'imparfait et **souligne** son sujet.

a. Vous aviez toutes les chances de gagner.

b. Mon frère avait un maillot rouge.

c. Nous n'avions plus faim.

d. Tu avais toujours le sourire.

e. Léo et Alex avaient le même chapeau.

f. Elle avait peur de se tromper.

5 **Entoure** le verbe « être » à l'imparfait et **souligne** son sujet.

a. Le film était fini.

b. Vous étiez très pressés.

c. Nous étions fâchées.

d. Tu étais d'accord.

e. L'an dernier, j'étais au CP.

f. Les deux enfants étaient sur l'estrade.

6 **Classe** ces verbes dans le tableau.

tu étais – nous avions – j'avais – ils étaient – vous étiez –
elle avait – nous étions – tu avais – j'étais – vous aviez

Être	Avoir
....	....
....	....
....	....
....	....
....	....

1 **Complète** la terminaison du verbe « avoir » à l'imparfait.

a. Vous av.......... bien raison.

b. Le bus av.......... du retard.

c. Hier, j'av.......... mal au ventre.

d. Nous av.......... beaucoup d'imagination.

e. Autrefois, toutes les maisons av.......... une cheminée.

f. Tu av.......... la rougeole la semaine dernière.

2 **Complète** la terminaison du verbe « être » à l'imparfait.

a. Nous ét.......... très contents.

b. J'ét.......... déjà arrivée.

c. Le pique-nique ét.......... délicieux.

d. Les serviettes ét.......... blanches et propres.

e. Tu ét.......... honnête.

f. Vous ét.......... perdus dans l'obscurité.

3 **Conjugue** le verbe « avoir » à l'imparfait aux personnes demandées.

a. tu ....

b. nous ....

c. ils ....

d. elle ....

e. j'..............................

f. vous ....

4 **Conjugue** le verbe « être » à l'imparfait aux personnes demandées.

a. il ....

b. elles ....

c. j'..............................

d. vous ....

e. tu ....

f. nous ....

5 **Conjugue** le verbe « avoir » à l'imparfait et **souligne** son sujet.

a. Vous .... intérêt à être là.

b. Ma sœur .... un bonnet bleu.

c. Vous n'.............................. plus envie de venir.

d. Tu .... des yeux rieurs.

e. Mélanie et Anthony .... une nouvelle maison.

6 **Complète** avec le verbe « être » ou « avoir » conjugué à l'imparfait.

a. Nous .... envie de vous voir.

b. Tu .... le plus grand.

c. Ils .... de bonnes notes.

d. Elle .... les cheveux blonds.

e. Vous .... bien contents.

7 **Complète** chaque phrase avec le verbe « être » ou le verbe « avoir » conjugués à l'imparfait.

a. Être → Les bateaux ....

....

b. Avoir → Ce peintre ....

....

1 **Entoure** la terminaison de ces verbes au futur.

tu rencontreras – nous occuperons – ils travailleront – je tirerai – vous poserez – il donnera – tu indiqueras – elle sautera – elles crieront – je volerai – nous porterons – ils caresseront

2 **Sépare** le radical et la terminaison par un trait vertical.

Exemple : nous préparerons → nous préparer | ons

nous arriverons – tu entreras – ils garderont – vous observerez – je murmurerai – elle sifflera – vous porterez – elles proposeront – tu grimperas – j'encouragerai – nous prêterons – il fabriquera

3 **Souligne** uniquement les verbes au futur et **entoure** leur terminaison.

j'écouterai – tu secoueras – il se levait – vous nagerez – il aimera – nous marchons – ils arriveront – vous soulignerez – j'étais – vous chantiez – nous raconterons – tu indiquais – elle soigne

4 **Colorie** le verbe au futur.

a. Nous [félicitons] [féliciterons] les vainqueurs du match.

b. Elles [se déguiseront] [se déguisaient] en sirènes.

c. Tu [expliqueras] [expliques] les consignes.

d. Camille [récite] [récitera] son poème.

e. Pour Noël, vous [demanderez] [demandez] des cadeaux.

f. J'[adopterai] [adopte] un petit chat.

5 **Barre** le verbe qui n'est pas conjugué au futur dans chaque liste.

a. tu discuteras – elle discutait – nous discuterons – vous discuterez

b. nous observerons – vous observez – ils observeront – j'observerai

c. vous ornez – elle ornera – nous ornerons – j'ornerai

d. tu déménageras – je déménageais – vous déménagerez – nous déménagerons

6 **Entoure** les verbes au futur et **souligne** leur sujet.

a. Elle récitera sa leçon demain matin.

b. Ils ne retourneront jamais dans ce restaurant.

c. Il ne touchera plus à ce chien.

d. Plus tard, vous élèverez des moutons.

e. Nous demanderons la permission.

7 **Entoure** le pronom personnel sujet qui convient.

a. Je / Tu regarderas la télévision.

b. Elle / Nous plantera des fleurs.

c. Ils / Vous garderont ce secret.

d. Je / Vous travaillerai bien à l'école.

e. Tu / Elle dégustera un dessert au chocolat.

8 **Colorie** le sujet qui convient.

a. Le voleur | Les voleurs déroberont le célèbre tableau.

b. Le danseur et moi | Le danseur et toi exécuterons des pas sur la piste.

c. Ta sœur et toi | Noémie croiserez souvent ce gros chien blanc.

1 **Entoure** la terminaison du futur qui convient.

a. je fermer ai / ons
b. nous donner ont / ons
c. tu rouler ez / as
d. vous tourner as / ez
e. elles sauver a / ont
f. il nommer ons / a

2 **Conjugue** ces verbes au futur à la personne demandée.

a. **décoller** : ils ....
b. **glisser** : nous ....
c. **présenter** : tu ....
d. **commander** : elle ....
e. **rassembler** : vous ....
f. **fabriquer** : je ....

3 **Réécris** ces phrases au futur.

a. Vous posez des questions.

....

b. Les pompiers apportent la grande échelle.

....

c. Je présente mes amis à mon frère.

....

d. Hamza retourne à l'école demain.

....

e. Regardes-tu le match ce soir ?

....

4 Réécris ces phrases au pluriel.

a. J'imprimerai des photos.

→ ....

b. Le jardinier plantera des arbres.

→ ....

c. Le médecin mesurera ta taille.

→ ....

d. Tu voyageras dans le monde entier.

→ ....

e. L'aventurière explorera des ruines antiques.

→ ....

5 Réécris ces phrases avec le sujet donné.

a. Je dessinerai des arcs-en-ciel.

→ Vous ....

b. Elles porteront des paniers pleins de fruits.

→ Tu ....

c. Il regardera les étoiles.

→ Nous ....

d. Ma marraine veillera sur moi.

→ Mes parrains ....

e. Charline inventera des histoires.

→ Charline et moi ....

6 Écris une phrase pour décrire le futur que tu imagines dans 100 ans.

....

....

1 **Écris** les terminaisons des verbes « être » et « avoir » au futur.

Être		Avoir	
je serai	nous ser..........	j'aur..........	nous aurons
tu ser..........	vous serez	tu auras	vous aur..........
il sera	elles seront	il aur..........	ils auront

2 **Relie** chaque pronom personnel sujet au verbe qui convient.

ils •	• seras
tu •	• serons
nous •	• serai
elle •	• serez
je •	• seront
vous •	• sera

j' •	• aura
nous •	• auront
il •	• aurons
tu •	• auras
elles •	• aurez
vous •	• aurai

3 **Entoure** le verbe « avoir » au futur et **souligne** son sujet.

a. J'aurai un chien savant !

b. Vous aurez une récompense.

c. Nous aurons le droit de regarder le match.

d. Tom et Alex auront des vélos neufs.

e. Elle aura un petit frère.

4 **Entoure** le verbe « être » au futur et **souligne** son sujet.

a. Demain, je serai en vacances.

b. Elles seront les bienvenues.

c. Tom sera champion.

d. Tu ne seras pas sur la photo.

e. Nous serons encore là quand tu reviendras.

5 **Souligne** en vert le verbe « être » au futur et en bleu le verbe « avoir » au futur.

a. Il aura huit ans dans 3 jours.

b. Vous serez bientôt en panne d'essence.

c. J'aurai mal au cœur dans ce bateau.

d. Nous serons heureux.

e. Tu auras de très bonnes notes.

6 **Classe** ces verbes dans le tableau.

tu seras – nous aurons – j'aurai – ils seront – vous serez – elle aura – nous serons – tu auras – je serai – vous aurez

Être	Avoir
....	....
....	....
....	....
....	....
....	....

1 **Conjugue** le verbe « avoir » au futur aux personnes demandées.

a. vous ....
b. je ....
c. elle ....
d. ils ....
e. nous ....
f. tu ....

2 **Conjugue** le verbe « être » au futur aux personnes demandées.

a. elles ....
b. vous ....
c. nous ....
d. tu ....
e. il ....
f. je ....

3 **Réécris** les phrases au futur.

a. Nous avons la chance de vous voir.

....

b. Il est au volant de son bolide.

....

c. Tu as un beau bateau.

....

d. Vous êtes des coureurs cyclistes.

....

e. J'ai une veste bleue.

....

4 **Réécris** les phrases en conjuguant les verbes entre parenthèses au futur.

a. Je (être) votre ami fidèle.

....

b. Nous (avoir) assez de frites.

....

c. Vous (être) très drôles.

....

d. Ils (être) déjà partis.

....

e. Tu (avoir) un habit de Superman.

....

5 **Conjugue** les verbes « avoir » et « être » au futur.

a. **Avoir**

Elle .... de nouveaux amis.

Est-ce que vous .... des billets pour le concert ?

b. **Être**

Nous .... invités.

Il .... musicien.

6 **Complète** ces phrases avec les verbes « être » ou « avoir » au futur.

a. Ton thé .... froid.

b. Nous .... rendez-vous avec le professeur.

c. Des cygnes .... sur le lac.

d. Tu .... un trophée.

1 **Complète** l'alphabet avec les lettres qui manquent.

a – b – .... – d – e – f – .... – h – i – j – .... – l – m – n – .... –
p – q – r – .... – t – u – v – .... – x – y – ....

2 **Colorie** uniquement les groupes de lettres qui sont dans l'ordre alphabétique.

a. a – b – c – d

b. s – t – u – v

c. u – f – a – t

d. d – f – h – j

e. r – q – p – o

3 **Écris** les 2 lettres qui suivent ou qui précèdent les lettres données dans l'ordre alphabétique.

a. .... – .... – d

b. .... – .... – z

c. n – .... – ....

d. t – .... – ....

e. .... – .... – o

4 **Recopie** ces groupes de lettres dans l'ordre alphabétique.

a. g – r – c : ....

b. m – i – p – e : ....

c. o – f – s – a – l : ....

d. i – y – n – t – c : ....

e. b – g – m – p – u – w – z : ....

5 **Recopie** ces lettres dans l'ordre alphabétique pour écrire un mot.

a. x – i – d : ....

b. m – l – f – i : un ....

c. c – p – h – s – i : des ....

d. o – j – i – b – u : un ....

e. t – i – h – o – c : un ....

6 **Écris** la réponse à ces charades.

Mon premier est la deuxième lettre de l'alphabet.
Mon deuxième précède le *c*.
Mon tout attend son biberon.
→ C'est un ....

Mon premier est juste après le *k*.
Mon deuxième est entre le *g* et le *i*.
Mon troisième précède le *p*.
Mon tout se dit d'une personne qui transpire.
→ ....

Mon premier est la première lettre de l'alphabet.
Mon deuxième précède le *k*.
Mon troisième suit le *s*.
Mon tout se dit d'un enfant qui bouge tout le temps.
→ Il est ....

1 **Entoure** les voyelles de chacun de ces noms.

la marmotte – le judo – un cycliste – la piscine – l'école – la cigogne – un téléphérique – une sportive – une catastrophe – la charcuterie – quatorze – un commissariat – des vêtements – un buffle – une histoire – la fenêtre

2 **Entoure** les consonnes de chacun de ces noms.

un téléviseur – une sportive – une catastrophe – la charcuterie – un commissariat – le prince – une cathédrale – la poissonnerie – un perroquet – un paquebot – un thermomètre – la citronnade – un pantalon – une famille – le cheval – un bateau

3 **Écris** le nombre de consonnes et de voyelles qu'il y a dans chacun de ces noms.

a. un loup : .... consonnes ; .... voyelles
b. un lapin : .... consonnes ; .... voyelles
c. une fermière : .... consonnes ; .... voyelles
d. un ordinateur : .... consonnes ; .... voyelles
e. un clocher : .... consonnes ; .... voyelles

4 **Relie** chaque nom à la voyelle qui lui manque.

m...nège •	• i	f...sée •	• e
p...ll •	• o	...curie •	• o
escarg...t •	• a	r...quin •	• é
p...zza •	• u	radi... •	• u

5 **Écris** les voyelles qui manquent dans les groupes nominaux.

a. C'est un oiseau : un c....l....br....

b. C'est un bateau : une p....n....ch....

c. C'est un plat : des fr....t....s

d. C'est un fruit : une b....n....n....

e. C'est un fauve : un t....gr....

6 **Écris** les doubles consonnes qui manquent dans ces mots.

a. un ba......on

b. l'a......ivée

c. une a......ention

d. une po......e

e. un inco......u

7 Dans chaque série, **entoure** la consonne qui est première dans l'ordre alphabétique.

a. k – c – g – e – p

b. y – a – s – v – k

c. n – p – i – d – e

d. f – r – e – l – o

e. w – t – u – g – p

f. j – n – o – b – m

g. t – s – u – e – m

h. k – v – m – h – y

i. v – l – n – o – p

1 **Écris** à quelle lettre tu ouvriras le dictionnaire pour trouver les mots donnés.

Exemple : mouche → m

a. cerise → ....

b. wagon → ....

c. locomotive → ....

d. hérisson → ....

e. armure → ....

f. plante → ....

2 **Barre** le mot qui n'est pas à sa place dans l'ordre alphabétique.

a. olivier – famille – pommier – reculer

b. artiste – voiture – caverne – trottoir

c. beau – bidon – bouder – bavard

d. magasin – méchant – main – malin

3 **Complète** ces listes avec le mot entre parenthèses qui convient pour respecter l'ordre alphabétique.

a. (sucre – salade)
serpent – sillon – soupe – ....

b. (poussière – passage)
perméable – permettre – poussette – ....

c. (bise – baleine)
ballon – bidon – biscuit – ....

d. (fourmi – foudre)
fouet – foulard – fourche – ....

4 **Cherche** le mot donné dans un dictionnaire et **écris** le mot-repère présent en haut de la page de droite.

a. conduire : .... c. division : ....

b. langue : .... d. abeille : ....

5 **Barre**, dans chaque liste, le mot que tu ne peux pas trouver dans la double page des deux mots-repères donnés en gras.

a. **miroir / moindre** → miteux – visiteur – modèle – modeste

b. **cime / clarinette** → cinéma – cirage – claque – nombre

c. **gosier / grâce** → goudron – goûter – gamelle – gourmand

d. **méthode / migrateur** → matelot – meunier – microbe – miel

6 **Complète** avec le second mot donné que tu peux trouver entre les deux mots en gras.

lime – bandit – ronde – lecture – rouge – bas

a. **balançoire/ banquette** : bambou – ....

b. **banquise / bas** : barbu – ....

c. **lanterne / léger** : larme – ....

d. **libre / lionceau** : licorne – ....

e. **rossignol / ruelle** : rôti – ....

f. **rocher / rosier** : roman – ....

7 **Barre**, dans chaque liste, le nom qui n'est pas à sa place dans l'ordre alphabétique.

a. froment – soupière – jambe – riz

b. tulle – jonquille – marteau – paquet

c. muret – toit – porte – volet

d. feuille – papa – gomme – traîneau

e. clapier – ordinateur – écu – sauce

1 **Cherche** le mot incomplet dans un dictionnaire pour l'orthographier correctement.

a. Le poisson rouge tourne dans son a......ari......

b. Un c......gne blanc traverse le lac.

c. Antonin remplit son seau à la font......ne.

d. Ma mère épluche une or......ge.

e. Le mécanicien e......amine notre moteur.

2 **Cherche** le féminin des mots dans un dictionnaire pour les orthographier correctement.

a. un aviateur : une ....

b. facultatif : ....

c. fameux : ....

d. le cadet : la ....

e. un gardien : une ....

3 **Cherche** chaque mot dans un dictionnaire et **complète** avec sa classe : nom ou verbe.

a. vestiaire : ....

b. imiter : ....

c. cacher : ....

d. vitrine : ....

e. ennemi : ....

f. toile : ....

g. déboutonner : ....

h. reculer : ....

i. être : ....

j. wagon : ....

4 **Recopie** le mot qui convient devant chaque définition. **Vérifie** avec un dictionnaire.

wagon – épeler – remède – joie – férié

a. .... : produit pour soigner une maladie.

b. .... : sentiment de très grand bonheur.

c. .... : dire chaque lettre d'un mot.

d. .... : voiture d'un train.

e. .... : où l'on ne travaille pas.

5 **Souligne** le bon exemple pour chaque mot.

a. **une enquête**

Il faut faire une enquête pour trouver le coupable.

Il plante une enquête au fond de son jardin.

b. **un museau**

Du haut du museau, on aperçoit la mer.

La chatte trempe son museau dans le bol de lait.

c. **le judo**

Au judo, on apprend à faire tomber son adversaire.

Il faut mettre moins de judo pour sucrer ton chocolat.

6 **Vérifie** dans un dictionnaire si le mot en gras est bien défini. **Entoure** « vrai » ou « faux ».

a. La **guimauve** est une pâte molle et sucrée. → vrai / faux

b. Une **digue** est un plat d'origine bretonne. → vrai / faux

c. La **truffe** est un champignon de couleur noire. → vrai / faux

d. Un **abat-jour** est un bouton pour éteindre la lumière. → vrai / faux

e. Une **éclipse** est la disparition d'un astre dans le ciel. → vrai / faux

1 **Écris** les noms sous les dessins et **range**-les dans le tableau en donnant un nom générique à chaque groupe.

a. 
....

c. 
....

e. 
....

b. 
....

d. 
....

f. 
....

....	....	....
....	....	....

2 **Écris** le nom générique qui convient à chaque liste.

habitations – océans – oiseaux – chapeaux

a. .... : casquette – bonnet – béret

b. .... : igloo – tente – immeuble

c. .... : perruche – pigeon – merle

d. .... : Atlantique – Pacifique – Indien

3 **Barre** l'intrus dans chaque liste.

a. animaux : renard – lièvre – cactus – panda

b. organes : foie – pince – estomac – cœur

c. prénoms : Léa – Sarah – Julie – Amérique

4 **Écris** 2 noms spécifiques pour chaque nom générique.

a. bagages : sac – .... – ....

b. insectes : mouche – .... – ....

c. sports : judo – .... – ....

d. félins : lion – .... – ....

e. vêtements : manteau – .... – ....

5 **Classe** ces noms dans le tableau.

une coccinelle – un téléphone – une araignée – un calendrier –
une fleuriste – un charcutier – une gomme – une libraire – une abeille

Objets	Insectes	Métiers
....	....	....
....	....	....
....	....	....
....	....	....

6 **Entoure** les noms spécifiques que l'on peut regrouper sous le nom générique « des vêtements ».

Je dois faire ma valise. Il me faut des shorts et des tee-shirts. Mais je dois penser aussi à prendre des habits chauds comme un pull et deux pantalons.

7 **Entoure** les noms spécifiques que l'on peut regrouper sous le nom générique « outils de jardinage ».

Dans sa brouette, le jardinier transporte un arbuste. Avec sa pelle, il creuse un trou. Il dépose le jeune arbre. Il referme le trou avec son râteau. Il remplit deux arrosoirs pour l'arroser.

1 **Relie** les verbes de sens contraire.

atterrir •	• avancer
se lever •	• remplir
reculer •	• descendre
monter •	• décoller
vider •	• se coucher

2 **Relie** les mots invariables de sens contraire.

dehors •	• avec
sans •	• tôt
tard •	• dedans
peu •	• beaucoup

3 **Relie** les noms de sens contraire.

la chaleur •	• la joie
la haine •	• la richesse
la fin •	• le froid
la pauvreté •	• l'amour
la tristesse •	• le début

4 **Entoure** le contraire des mots soulignés.

a. Le cinéma est <u>ouvert</u>. **fermé / parti**

b. Tu habites <u>près</u> de chez moi. **loin / proche**

c. Il faut <u>descendre</u> cet escalier. **aller / monter**

d. Tu as beaucoup <u>moins</u> de points que moi. **plus / trop**

5 **Entoure** le mot contraire du mot en gras.

a. **autoriser** : permettre – interdire – tolérer

b. **identique** : différent – semblable – pareil

c. **bâtir** : édifier – construire – détruire

d. **commencer** : débuter – entamer – finir

6 **Entoure** « vrai » ou « faux » pour indiquer si les couples de mots suivants sont des contraires.

a. s'endormir / se réveiller → Vrai / Faux

b. avancer / tourner → Vrai / Faux

c. commencer / finir → Vrai / Faux

d. sec / mouillé → Vrai / Faux

e. vieux / ancien → Vrai / Faux

f. bon / mauvais → Vrai / Faux

g. savoir / connaître → Vrai / Faux

7 **Barre** l'intrus dans chaque liste.

a. le chagrin – la joie – la peine

b. jeune – ancien – vieux

c. difficile – compliqué – facile

d. commencer – finir – débuter

e. ignorer – savoir – connaître

f. la bravoure – l'audace – la peur

g. amusant – triste – drôle

h. gagner – perdre – vaincre

1 Écris le nom contraire donné.

le sourire – la peur – la laideur – le mensonge – la hauteur – le malheur

a. le bonheur → ....
b. la bassesse → ....
c. la grimace → ....
d. la vérité → ....
e. le courage → ....
f. la beauté → ....

2 Complète avec le contraire donné des deux autres mots.

brûlant – savoir – propre – grand – costaud – différent

a. sale – dégoûtant → ....
b. pareil – identique → ....
c. ignorer – oublier → ....
d. faible – fragile → ....
e. froid – glacial → ....
f. petit – minuscule → ....

3 Écris le contraire des mots soulignés.

a. La bouteille est vide. ....
b. Tu dois sortir par cette porte. ....
c. Tu es arrivée avant moi. ....
d. Il fait très chaud dans cette pièce. ....
e. Tu peux enlever ton pull. ....
f. Le carton est très léger. ....
g. La serviette est mouillée. ....
h. Tu allumes la lumière. ....

4 **Entoure** la première syllabe qui convient pour écrire le contraire des mots en gras.

a. im / mal / dé **possible**

b. dé / im / mal **honnête**

c. mé / im / dé **coller**

d. mé / dés / mal **obéir**

e. mé / mal / dés **content**

5 **Complète** avec un des mots contraires donnés et entoure sa classe grammaticale.

souvent – pleurer – savoir – moins – neuf

a. rire → .... nom / verbe / adjectif

b. jamais → .... nom / verbe / mot invariable

c. ancien → .... nom / verbe / adjectif

d. ignorer → .... nom / verbe / adjectif

e. plus → .... nom / verbe / mot invariable

6 **Écris** une phrase avec le contraire du mot donné.

a. devant

....

b. se lève

....

c. l'entrée

....

d. inquiète

....

1 Entoure le synonyme du mot en gras.

a. **écouter** : commencer – entendre

b. **gentil** : adorable – abominable

c. **chanter** : crier – fredonner

d. **un chat** : un minet – un fauve

e. **simple** : vrai – facile

2 Barre l'intrus de chaque liste.

a. **pousser** : enlever – grandir – se développer

b. **pénible** : fatiguant – difficile – aimable

c. **visage** : figure – cou – face

d. **délicieux** : salé – savoureux – succulent

3 Écris le synonyme de l'adjectif souligné.

lourde – véritable – riche – élégante – simple

a. Il nous a reçus dans un vrai château. ....

b. Cette danseuse est très gracieuse. ....

c. C'est bien trop facile pour toi. ....

d. Ma valise est pesante. ....

e. C'est un homme puissant et fortuné. ....

4 Remplace chaque mot souligné par un synonyme.

a. Il faut grimper cet escalier. ....

b. Quelle bonne idée ! ....

c. Il trébuche dans la piscine. ....

d. Ce n'est pas une grosse erreur. ....

e. Elle porte un habit de sorcière. ....

5 **Complète** avec un des synonymes donnés et **entoure** sa classe grammaticale.

un bateau – sauter – un animal – joyeux – narrer

a. **une bête** → .... nom / verbe / adjectif

b. **bondir** → .... nom / verbe / adjectif

c. **raconter** → .... nom / verbe / adjectif

d. **heureux** → .... nom / verbe / adjectif

e. **un navire** → .... nom / verbe / adjectif

6 **Cherche** un synonyme de chaque mot et **utilise**-le dans une phrase.

a. un gendarme

....

b. le docteur

....

c. drôle

....

d. illustration

....

e. cruel

....

f. énervé

....

7 **Écris** une phrase avec un synonyme du mot « maison ».

....

....

1 **Entoure** le radical commun à chaque liste de mots d'une même famille.

a. la chasse – un chasseur – chasser

b. un marchand – une marchandise – marchander

c. un terrain – un terrier – terrestre

d. un rang – rangement – déranger

e. un chant – un chanteur – un enchantement

2 **Classe** les mots dans le tableau selon leur famille.

nommer – le jardinier – un plongeoir – un prénom – croiser – le jardinage – le plongeur – un croisement

le jardin	un nom	une croix	plonger
....	....	....	....
....	....	....	....
....	....	....	....
....	....	....	....

3 **Barre**, dans chaque liste, le mot qui n'appartient pas à la même famille.

a. un malade – une maladie – un matelot – le mal

b. la patinoire – le patin – le pantin – patiner

c. un clavier – un classeur – classer – un classement

d. le lavoir – le lavage – la lavande – laver

e. le potier – une poterie – un pot – un port

f. une jarre – le jardin – un jardinier – le jardinage

4 **Entoure**, dans chaque phrase, les 3 mots de la même famille.

a. Ma grande sœur ne cesse pas de grandir, donc il va falloir agrandir sa chambre.

b. Aujourd'hui est un grand jour car, en fin de journée, je pars en voyage.

c. Il y a des paysages merveilleux dans ce pays dont seuls les paysans profitent toute l'année.

5 **Entoure** la classe grammaticale de chaque mot de la même famille.

a. **long** : nom – verbe – adjectif
longueur : nom – verbe – adjectif
longer : nom – verbe – adjectif

b. **fleurir** : nom – verbe – adjectif
fleuriste : nom – verbe – adjectif
fleuri : nom – verbe – adjectif

c. **saleté** : nom – verbe – adjectif
sale : nom – verbe – adjectif
salir : nom – verbe – adjectif

6 **Relie** le verbe au nom ou à l'adjectif de la même famille.

sauter •	• blanc
se reposer •	• un refus
refuser •	• un bavard
bavarder •	• le repos
blanchir •	• un saut

1 **Écris** un verbe de la même famille que chaque nom en gras.

Exemple : un voleur → voler

a. **un chant** → ....
b. **un saut** → ....
c. **un rêve** → ....
d. **un vendeur** → ....
e. **un gagnant** → ....
f. **une marchande** → ....
g. **une livraison** → ....

2 **Écris** un nom de la même famille que chaque verbe en gras.

a. **courir** → ....
b. **chanter** → ....
c. **sauver** → ....
d. **laver** → ....
e. **baigner** → ....
f. **finir** → ....
g. **brosser** → ....

3 **Complète** chaque liste avec un mot de la même famille.

a. la chasse – chasser – ....
b. le vent – un ventilateur – ....
c. chausser – des chaussettes – ....
d. un ski – skier – ....
e. un camping – camper – ....
f. rouler – un rouleau – ....
g. une ville – un village – ....

4 **Écris** 2 mots de la même famille que le mot en gras.

a. **visible** → .... ; ....

b. **porter** → .... ; ....

c. **venir** → .... ; ....

d. **connaître** → .... ; ....

e. **geler** → .... ; ....

5 **Écris** une phrase avec chaque couple de mots de la même famille.

a. le coureur – courir

....

....

b. la colle – un collage

....

....

c. un dessin – dessiner

....

....

d. couper – un découpage

....

....

6 **Écris** 2 phrases avec 2 mots de la même famille que le mot « terre ».

a. ....

....

b. ....

....

1 Souligne uniquement les phrases en langage courant.

a. J'ai oublié mon pull à l'école.

b. C'est trop fastoche, cet exercice.

c. Nous sommes heureux de vous voir.

d. L'ascenseur est bloqué au sixième étage.

2 Relie les phrases qui veulent dire la même chose.

C'est un enfant bizarre. •	• Il chiale sans arrêt.
Il pleure tout le temps. •	• C'est un drôle de gosse.
Il n'arrête pas de rire. •	• Il se marre tout le temps.

3 Souligne uniquement les phrases en langage soutenu qui conviennent pour t'adresser à un adulte que tu ne connais pas ou peu.

a. Pourriez-vous m'aider, s'il vous plaît ?

b. Tu dois attendre ton tour.

c. Je suis heureux d'avoir reçu de vos nouvelles.

d. Passe ton chemin, tu m'ennuies.

e. Désirez-vous que je vous aide à traverser ?

4 Souligne uniquement les phrases en langage familier qui conviennent pour t'adresser à un copain que tu connais bien.

a. On m'a piqué ma trousse.

b. Nous dînerons en ville ce soir.

c. C'est un mec bien.

d. Ce fâcheux contretemps nous importune.

e. Mes pompes me font un mal de chien.

5 **Colorie** la personne à laquelle chaque phrase peut s'adresser.

a. Magne-toi de me rendre mon stylo !

un ami | un parent | un professeur

b. Est-ce que je peux monter à l'avant de la voiture ?

un ami | un parent | un professeur

c. Pouvez-vous me répéter la consigne, s'il vous plaît ?

un ami | un parent | un professeur

d. Tu es vraiment mon pote !

un ami | un parent | un professeur

e. Peux-tu ouvrir la fenêtre ?

un ami | un parent | un professeur

6 **Entoure** la phrase que tu peux utiliser pour t'adresser à la personne indiquée.

a. **À un parent** :

Donne-moi l'heure !

Quelle heure est-il ?

b. **À un copain** :

Veuillez cesser de m'importuner.

Fiche-moi la paix !

c. **À un inconnu** :

Vous êtes super sympa !

Vous êtes fort aimable !

1 **Classe** les mots dans le tableau.

s'ennuyer – un boulot – dérober – s'en aller

Langage courant	Langage familier	Langage soutenu
voler	se grouiller	un ouvrage
un travail	se débiner	se sauver
fatiguer	barber	....
....	....	....
....	....	

2 **Remplace** le mot familier souligné par celui du langage courant.

un homme – une voiture – de l'argent – volé

a. Il m'a <u>piqué</u> mon livre. ....

b. Un <u>type</u> est venu te voir. ....

c. Il a mis du <u>fric</u> de côté. ....

d. On a une nouvelle <u>bagnole</u>. ....

3 **Réécris** les phrases en langage courant.

a. Cette vieille baraque va s'écrouler.

....

b. J'en ai assez de ce boulot.

....

c. Il porte des fringues sales et usées.

....

d. Tu t'es bien marré pendant ce spectacle.

....

e. Je vais me coucher, je suis naze.

....

4 **Entoure** le mot de langage courant qui peut remplacer le mot souligné.

a. Résidez-vous dans cette ville ? Résistez / Habitez

b. Connais-tu mon frangin ? histoire / frère

c. Pourriez-vous m'indiquer l'heure ? donner / montrer

d. C'est à qui ce bouquin ? sac / livre

e. Ce nourrisson réclame à boire. bébé / chaton

5 **Remplace** les mots soutenus soulignés par des mots du langage courant.

a. Ce paysage est splendide. ....

b. Je me suis procuré cet objet au marché. ....

c. C'est une belle demeure. ....

d. Cet homme est sot. ....

e. Hâte-toi, nous allons être en retard ! ....

Création de la maquette intérieure et de la couverture : Florence Le Maux
Mise en pages : Typo-Virgule
Illustration de la couverture : Alain Boyer
Illustrations : Vincent Bergier
Édition : Marika Da Costa
Relecture : Élisabeth Thebaud
Fabrication : Marc Chalmin

Imprimé en Pologne par DRUKARNIA DIMOGRAF SP ZOO
Dépôt légal : Février 2021
Collection n°71 - Édition n° 01
82/4630/0

ISBN : 978-2-01-713610-1